부동산과 인공지능

AI문고

인공지능 시대입니다. 기계가 인간의 인지를 대신하고, 사물이 인간을 통하지 않고 다른 사물과 직접 커뮤니케이션합니다. 이에 따른 인간 삶과 문명 변화를 정확히 이해·예측·대응하는 것은 이 시대 우리 모두의 과제입니다. AI문고는 인공지능 기술과 환경의 여러 주제를 10가지 키워드로 정리합니다. 관련 개념과 이론, 학계와 산업계의 쟁점, 우리 일상의 변화를 다룹니다. 인간과 기술의 현재, 미래를 세심히 분석합니다.

일러두기

- 인명, 작품명, 저서명, 개념어 등은 한글과 함께 괄호 안에 해당 국가의 원어를 병기했습니다.
- 외래어 표기는 현행 어문규정의 외래어표기법을 따랐습니다.

처음이세요?
전문가세요?

부동산과 인공지능

박순만

대한민국, 서울, 커뮤니케이션북스, 2025

부동산과 인공지능

지은이 박순만
펴낸이 박영률

초판 1쇄 펴낸날 2025년 8월 20일

커뮤니케이션북스(주)
출판 등록 2007년 8월 17일 제313-2007-000166호
02880 서울시 성북구 성북로 5-11
전화(02) 7474 001, 팩스(02) 736 5047
commbooks@commbooks.com
www.commbooks.com

ISBN 979-11-430-0377-5 03500

책값은 뒤표지에 표시되어 있습니다.

차례

AI가 만드는 도시와 부동산의 새로운 얼굴

불과 몇 해 전만 해도 AI는 먼 나라 이야기 같았다. 연구소에서 복잡한 실험을 반복하는 사람들의 전유물처럼 느껴졌다. 하지만 이제는 다르다. 우리가 날마다 사용하는 스마트폰의 음성 인식, 쇼핑몰이 추천하는 상품 목록, 도심을 가로지르는 자율주행 차까지, AI는 이미 일상 속 깊은 곳에 자리하고 있다. 더는 멀지도, 낯설지도 않다.

특히 최근 몇 년 사이 AI는 정말 빠르게, 그리고 조금은 무서울 정도로 진화하고 있다. 아무것도 없는 상태에서 글을 쓰고, 그림을 그리고, 음악을 만드는 생성형 AI는 2023년 최초로 등장해 인간의 상상력을 뒤흔들어 놓았다. 오픈AI의 GPT-4, 구글의 제미나이(Gemini), 메타의 라마(LLaMA) 시리즈, 앤트로픽(Anthropic)의 클로드(Claude)와 같은 대규모 언어모델은 수천억 개 이상의 파라미터(Parameter)로 구성되며, 인간 언어의 통사 구조와 의미적 문맥을 이해하고 생성하는 수준에 도달했다. 이들은 단순 텍스트 처리 기능을 넘어, 코드 생성, 논문 요약, 계약서 검토, 의료 영상 판독, 교통 감시 자동화,

도시 이미지 분석 등 다방면에서 응용 가능성이 확인되고 있다. 이 같은 기술 발전은 자연어처리(NLP, Natural Language Processing)에서 벗어나 인간의 복합적인 인지와 판단을 모사하는 방향으로 진화하고 있다.

이 시점에 주목해야 하는 것은 기술 자체가 아니라 그 기술이 우리의 '공간'을 어떻게 바꾸고 있는지다. 도시의 구조는 생각보다 빠르게 그리고 더 깊게 변화하고 있다. 예전에는 사람이 도시를 만들었지만, 이제는 AI가 도시를 설계하고, 관리하고, 결정까지 내릴 수 있다. 한때 도시 계획가들이 도면 앞에서 이 땅에는 공원이 들어서야 할까, 아니면 주차장이 적합할까 하는 고민에 더해, 이제는 AI가 교통 데이터, 인구 통계, 기후 조건을 분석해 더 나은 결정을 내릴 수 있다. "이 동네는 공원보다 작은 광장이 더 적합합니다." AI 기반의 교통관제 시스템은 매일 수십만 대의 차량 흐름을 읽고, 신호를 조절한다. 교통 신호 체계, 수자원 관리, 폐기물 수거 경로, 범죄 탐지, 재난 대응 시스템 등 도시 기능 전반에 AI가 통합돼 있다. 교차로 영상 데이터를 AI가 실시간 분석해 교통량에 따라 신호를 자동 조정하는 도시의 공공안전과 교통 시스템에 AI 기반 통합 제어 시스템이 도입되고 있다. 날씨, 실시간 차량 흐름과 같은 복잡한 변수를 동시에 고려한 예측 기반의 도시 운영이 가능하다. 이는 도시 계획과 운영을 기존의 정적인 모델에서 동적 · 적응형 체계로 전환하는 기반이 되고 있다.

이런 변화는 부동산 시장에도 영향을 준다. 모든 공간이 실시간으로 센서와 연결되고, 그 데이터를 기반으로 자율로 작동하며, 동시에 인간의 판단을 보조하거나 대체할 수 있게 되었다. 아파트나 빌딩을 짓고, 도로를 깔고, 상권을 조성하는 모든 과정에 AI가 개입하고 있다. 부동산 가격이 어떻게 변할지 예측은 전문가의 감각과 직관에 의존했지만, 이제는 빅데이터를 분석해 가격 흐름을 예측하고, 어디에 투자해야 할지 판단도 AI의 몫이다. AI는 건물 관리도 맡는다. 언제 보일러를 고쳐야 할지, 전기 사용량이 이상하지 않은지, 건물 안에 사람이 있는지 없는지, 위험 요인은 없는지를 찾아 관리자에게 자동으로 통보하기도 한다.

그리고 이 모든 것 뒤에, 데이터센터와 클라우드 시스템이 도시 곳곳에서 작동하고 있다. 거대한 창고처럼 생긴 공간에 수만 대의 서버가 돌아가고, 이곳에서 AI가 작동한다. 눈에 보이진 않지만, 당신이 스마트폰에서 음성 명령을 할 때도, 누군가 자율주행 차를 타고 이동할 때도, 도시 어딘가의 데이터센터가 분주히 돌아가고 있다.

이 데이터센터들은 이제 '도시의 일부'가 되어, 데이터센터를 어디에 지을 것인지, 전력은 어떻게 공급할 것인지가 도시 설계의 주요 쟁점이 되고 있다.

도시는 단지 건물과 도로의 집합이 아니라 하나의 거대한 컴퓨터처럼 작동하고 있다. 센서가 달린 가로등, AI가 분석하는 CCTV, 자율주행 차와 교통 신호가 연결된 도로. 모든 것이 실시간으로 움직이며 데이터를 주고받는다. 공간 정보를 다루는 지리정보시스템(GIS, Geographical Information System)과 AI가 결합하면, 도시의 지금 상태뿐 아니라 미래의 모습도 시뮬레이션할 수 있다. 여기에 '디지털 트윈(Digital Twin)' 기술이 더해지면, 현실의 도시를 가상 공간에 재현해 앞으로 일어날 재난재해 상황을 미리 시뮬레이션할 수도 있다. AI 덕분에 이제 도시는 '예측 가능한 유기체'로 변모해 가고 있는 셈이다.

도시 바깥의 공간도 예외는 아니다. AI는 새로운 주거 형태, 새로운 일터의 모습을 재정의하고 있다. 원격근무, 워케이션(Workcation), 디지털 노마드(Digital Nomad) 같은 흐름은 사람들을 도시 바깥으로 이끌고 있다. 그리고 그 여정에서 '공간'은 다시 쓰인다. 제주도나 강릉, 양양 같은 곳이 일시적인 휴양지가 아니라 새로운 거주지, 업무 공간으로 바뀌고 있다. AI가 불러온 '장소의 유연성'이 도시 구조 전체를 재조직하고 있다. AI는 교통을 제어하고, 건물을 감시하며, 가격을 계산하고, 입지를 추천한다. 지금 이 순간에도 수많은 알고리즘들이 도시 어딘가에서, 너무 조용해 그 존재를 잊을 만큼 고요하게 작동하고 있다.

오래전 디즈니 애니메이션 〈판타지아(Fantasia)〉의 한 에피소드 〈마법사의 제자(The Sorcerer's apprentice)〉(1940)에서, 마법사의 도제 미키마우스는 물통 나르는 허드렛일을 하다가 지쳐서 마법사의 모자를 몰래 훔쳐 쓴다. 모자의 마법으로 미키는 주문을 걸었고, 팔다리가 생긴 빗자루는 스스로 움직여 물을 길어 나르는 등 미키가 하던 일을 대신했다. 손을 대지 않아도 알아서 돌아가는 일이라니, 완벽해 보이는 그 장면에 미키는 행복했지만, 문제는 멈추는 주문을 모른다는 데 있었다. 마법에 걸린 빗자루는 멈출 줄 모르고 계속 물을 길어 나르고, 제어되지 않는 무질서로 바뀐다. 상황은 모자의 주인인 스승이 등장해서야 비로소 정리되지만, 이 장면은 어쩌면 지금 우리의 현실을 은유하는지도 모른다. 이제 인간은 AI라는 '똑똑한 빗자루'를 손에 넣었다. AI는 지금까지 인간이 맡았던 온갖 반복적이고 지루한 일들을 대신하고, 인간보다 빠르게 생각하고 계산한다.

지금 미키마우스의 빗자루는 누구의 지휘를 따르고 있는가? 멈출 수 있는가? 기술은 도구일 뿐이며 도구는 인간의 삶을 편리하게 하지만, 동시에 인간이 책임을 져야 하는 대상이다. AI가 도시를 움직이고, 공간을 설계하며, 부동산의 가치를 정하는 시대에, 우리는 그 움직임을 이해하고, 관리하며, 필요할 땐 멈출 수 있어야 한다는 점에서, 마법사의 모자를 잠시 빌려 쓴 인간으로서, AI가 도시와 부동산을 어떻게 바꾸는지 냉정하고 조심스러운 눈으로 바라보아야 한다. 그리고 빗자루에게 안전하게 자신의 일을 맡기고 편안히 낮잠을 즐기는 미키마우스처럼 온갖 반복적이고 지루했던 일들을 AI에게 맡긴 뒤, 인류는 보다 가치 있고 창의적인 일에 몰두할 수 있어야 한다. 그 미래에는 더 창의적이고 가치 있는 공간을 만들 수 있을 것이다.

01
AI와 데이터센터

AI의 급격한 발전 뒤에는 방대한 데이터를 처리하는 데이터센터가 자리 잡고 있다. 전 세계적으로 확장되고 있는 데이터센터의 현황과 도시 인프라에 미치는 영향을 알아본다.

AI와 1인 창업?

AI 혁명과 데이터센터의 부상

AI의 발전은 이제 단순한 기술적 진보를 넘어, 우리의 일상과 산업 전반에 근본적인 변화를 가져오고 있다. 최근 몇 년 사이 AI 기술은 과거와 비교할 수 없을 만큼 빠르게 발전했으며, 특히 대규모 언어모델(LLM, Large Language Model)과 같은 생성형 AI 기술은 사회와 산업 전반의 디지털 전환을 가속화하는 촉매제가 되었다. 매일 사용하는 스마트폰의 음성 인식부터 온라인 쇼핑몰의 추천 시스템, 자율주행 자동차와 스마트 팩토리까지, AI는 우리 생활과 업무 환경 깊숙이 자리 잡았다. 또 과거 인간의 창의성 영역으로 여겼던 글쓰기, 작곡, 그림 생성과 같은 창작 활동에도 AI 기술이 깊숙이 개입하며, 인간과 기계의 협력 방식을 새롭게 정의하고 있다.

AI 기술의 급격한 발전과 광범위한 활용은 막대한 양의 데이터를 지속적으로 생성하고 처리하게 만들었다. 예를 들어, 최근 화제를 모은 챗GPT와 같은 생성형 AI 모델들은 수십억 개의 매개변수를 기반으로 학습되며, 수백 테라바이트(TB)의 데이터를 이용해 복잡한 추론과 학습을 반복 수행한다. 이는 단순한 데이터 처리의 수준을 훨씬 넘어, 이전 세대의 정보 기술과 비교할 수 없는 규모와 속도다. 또한 AI 기반의 서비스와 응용 프로그램은 수십억 명의 사용자가 동시에 접속해 사용할 수 있도록 설계돼야 하므로, 실시간으로 빠르고 정확한 데이터 처리를 수행할 인프라가 필수다.

AI 워크로드의 증가와 데이터센터 인프라

골드만삭스(Goldman Sachs) 리서치 보고서는, 2030년까지 전 세계 데이터센터의 전력 수요가 현재 대비 약 160% 증가할 것으로 예상한다. 현재 전 세계 전력 소비 중 데이터센터가 차지하는 비율은 약 12% 수준이지만, AI 활용이 폭발적으로 증가해 34%까지 상승할 가능성이 높다. 딜로이트(Deloitte) 역시 전 세계 데이터센터의 전력 소비가 2025년 536TWh에서 2030년에는 약 1065TWh로 두 배가량 증가할 것으로 전망했다. 《포브스(Forbes)》는 미국 내 데이터센터가 2030년 국가 전체 전력 소비의 8%를 차지할 것이라고 예측할 만큼 AI 관련 인프라 확장이 가속화되고 있다.

이런 급격한 수요 증가는 AI 워크로드(Work load)의 특성에 기인한다. AI 모델의 훈련과 추론 과정은 매우 고밀도의 연산 작업이 필요하며, 고밀도 연산 작업은 대용량의 전력 소비를 수반한다. 예를 들어, 챗GPT와 같은 대규모 언어 모델은 랙(Rack)당 80kW 이상의 전력을 소비하며, 엔비디아(NVIDIA) H100 GPU의 최대 소비전력은 700W으로 연간 61% 사용률일 경우, 가구당 2.51명의 미국 평균 가구 기준 소비전력량에 해당한다. 이는 기존 데이터센터 인프라의 전력 밀도를 초과하며, 데이터센터 설계와 운영에 상당한 부담을 주는 용량이다.

도시 중심 데이터 수요와 에지 컴퓨팅

AI 시대의 데이터센터는 저지연(Latency)을 요구하는 사용자 중심 서비스의 급증으로 도심 지역과 가까운 위치에 건설되는 것이 효율적이다. 특히 스마트시티의 확산과 자율주행 차량, IoT(Internet of Things, 사물인터넷) 기반의 실시간 서비스와 같이 초고속 데이터 처리와 함께 고효율 AI 활용이 필수인 서비스가 확산되면서, 데이터 처리 속도의 중요성은 날로 높아지고 있다. 결국 데이터센터는 가능한 한 사용자와 가까운 도시 내에 위치해야 서비스 품질을 높일 수 있고, AI 응용 프로그램의 확산으로 데이터센터가 도시 중심부로 집중될 필요성은 더욱 높아지고 있다.

그러나 최근 글로벌 추세는 데이터센터가 도시 중심에서 교외나 농촌 지역으로 점차 이동하고 있다. 이는 도시 지역이 갖는 여러 가지 제약 때문으로 분석된다. 도시 중심 지역은 높은 인구 밀도로 공간 확보가 어렵고, 부동산 비용 역시 상대적으로 높아 데이터센터 건설 및 운영 비용이 급격히 증가하는 문제가 있다.

데이터센터는 도시 밖으로 이전할 수밖에 없는가?

도시 지역의 데이터센터 건설이 제한되는 첫 번째 이유는 전력 공급의 한계 때문이다. 데이터센터는 막대한 전력을 요구하며, 일부 지역은 데이터센터로 도시 전체의 전력 공급 안정성까지 위협받고 있다. 아일랜드 더블린은 2028년까지 신규 데이터센터의 전력망 연결을 중단했고, 2031년까지 국가 전체 전력 소비의 28%를 데이터센터가 사용할 것으로 예상된다. 미국도 2030년까지 데이터센터의 전력 소비가 현재 대비 165% 증가할 것으로 보고 있다. 상대적으로 전력 확보가 용이한 농촌이나 교외 지역이 데이터센터 건설의 새로운 중심지로 부상하고 있는 이유다.

데이터센터의 두 번째 제약 요인은 물 소비량이다. 데이터센터는 냉각을 위해 엄청난 양의 물을 소비한다. 화이트앤드케이스(White & Case) 보고서는, 1MW 규모의 데이터센터는 연간 약 2500만 리터의 물을 소비하는데, 이는 약 200가구의 연간 물 소비량과 맞먹는다고 했다.

구글이 발표한 《2023 환경 보고서》는 자사의 물 사용량은 전년 대비 20% 급증한 56억 갤런이었다. 그중 93%는 데이터센터 냉각수로 사용됐다. 구글뿐 아니라 메타도 2021년 데이터센터에 13억 3000만 갤런의 냉각수를 투입했다. 미국의 데이터센터 중 약 20%는 이미 물 부족 지역에 위치하고 있어 지역 사회와 갈등을 빚고 있으며, 특히 서부 지역은 수자원 갈등이 심각한 상황이다.

데이터센터의 전자파 방사도 데이터센터 건설에 주요한 장애 요인이다. 일반적으로 데이터센터 인근 주민들은 데이터센터가 방출하는 전자파가 건강에 악영향을 준다는 불안감이 있다. 물론 이 불안감은 실제 전자파 발생 여부와 무관할 수 있다. 미래전파공학연구원이 춘천시 15개 데이터센터 주변의 전자파를 조사한 결과 안전기준(833mG)의 1.5%로 낮음이 밝혀졌음에도 주민들은 여전히 불안의 눈길을 보낼 수밖에 없는 것도 현실이다. 데이터센터의 냉각 시스템에서 발생하는 소음 및 환경 부작용도 데이터센터 건설을 둘러싼 또 다른 갈등 요소다. 교외 지역 주민들은 데이터센터의 소음과 환경 문제를 주요 반대 이유로 들고 있으나, 실질적으로 데이터센터가 도심 지역보다 교외 지역에서도 쉽게 수용되지 못하는 원인이 되기도 한다.

대규모 데이터센터에 대한 편견과 불안감을 해결하기 위해, 도심부에는 대규모 집중형 센터가 아닌 소규모 분산형 에지(Edge) 데이터센터를 설치해 저지연 서비스에 대응하면서, 대규모 데이터 처리 및 저장 기능을 담당하는 메인 데이터센터는 교외 또는 농촌 지역으로 이전하는 형태로 진화하고 있다. 이렇게 데이터센터의 입지는 서비스 품질, 운영 비용, 환경적 제약 간의 균형을 이루는 형태로 재구성되고 있으며, 이 같은 전략적 배치가 향후 AI 시대 데이터 인프라의 주요 방향이 될 것이다.

지속 가능한 도시를 위한 데이터센터의 입지

데이터센터의 증가 추세가 도시의 미래 발전 패러다임을 크게 바꿀 것은 자명하다. 도심과 교외의 균형 잡힌 발전을 위해 지역사회, 산업계, 정부의 협력이 필수이며, 기술 발전을 사회적 책임과 조화롭게 통합해야 한다. 지속 가능한 도시 발전을 위해 사회적 합의와 함께, 데이터센터 입지 전략에 대한 근본적 재검토가 필요한 시점이다. AI 시대 데이터센터 문제는 단순히 기술적 문제뿐만 아니라 우리 도시와 사회의 미래를 결정하는 중대한 사회적 과제라는 점에서 모두의 관심과 참여가 요구된다.

참고문헌

녹색경제신문(2024.11.27). AI붐, 데이터센터 수요는 넘치는데… 곳곳에서 주민사회 '데이터센터' 갈등. https://www.greened.kr/news/articleView.html?idxno=320671

매일경제(2025.2.25). "전자파 맞으며 살라고?"…근거없는 괴담에 정치권도 가세, 데이터센터 공사중단. https://www.mk.co.kr/news/realestate/11249332

미래전파공학연구소(2022.10.13). 축구장 14배 거대 데이터센터… 주민들 "전자파 걱정에 뜬눈". https://www.eco-health.org/bbs/board.php?bo_table=sub02_03&wr_id=1476

아시아경제(2023.8.24). [AI패러독스] 가뜩이나 물 부족한데…AI 때문에 세계 곳곳서 '신음'. https://www.asiae.co.kr/article/2023082315071596580

한겨레(2022.10.12). 축구장 14배 거대 데이터센터…주민들 "전자파 걱정에 뜬눈". https://www.hani.co.kr/arti/area/capital/1062427.html

CBRE(2024). *Global data center trends 2024.* https://www.cbre.com/insights/reports/global-data-center-trends-2024

Colocation America(2024). Are data centers moving from the city to more rural areas?. https://www.colocationamerica.com/blog/data-center-locations-arrival-of-server-farms

Copley, M.(2022.8.30). Data centers, backbone of the digital economy, face water scarcity and climate risk. *NPR.* https://www.npr.org/2022/08/30/1119938708/data-cente

rs-backbone-of-the-digital-economy-face-water-scarcit y-and-climate-ris

Data Center Frontier(2025). 8 trends that will shape the data center industry in 2025. https://www.datacenterfrontier.com/cloud/article/55253151/8-trends-that-will-shape-the-data-center-industry-in-2025

Goldman Sachs(2024). AI to drive 165% increase in data center power demand by 2030. https://www.publicpower.org/periodical/article/ai-drive-165-increase-data-center-power-demand-2030-goldman-sachs

Gradient(2024). Environmental and community impacts of large data centers. https://gradientcorp.com/trend_articles/impacts-of-large-data-centers/

McKinsey & Company(2024). AI power: Expanding data center capacity to meet growing demand. https://www.mckinsey.com/industries/technology-media-and-telecommunications/our-insights/ai-power-expanding-data-center-capacity-to-meet-growing-demand

Minevich, M.(2024). AI data centers and the new era of unprecedented demand. https://www.forbes.com/sites/markminevich/2024/10/28/ai-data-centers-and-the-new-era-of-unprecedented-demand/

White & Case LLP(2024). Data centers and water: From scrutiny to opportunity. https://www.whitecase.com/insight-our-thinking/data-ce

nters–and–water–scrutiny–opportunity

02
AI와 클라우드 컴퓨팅

클라우드 컴퓨팅의 등장으로 대규모 데이터센터 없이도 AI 시스템을 구축할 수 있는 시대가 도래했다. 분산 컴퓨팅과 병렬 컴퓨팅이 도시의 기술적 기반을 어떻게 변화하는지 알아본다.

AI와 MBTI?

클라우드 컴퓨팅의 정의

클라우드 컴퓨팅은 서버, 스토리지, 데이터베이스, 소프트웨어 등 다양한 컴퓨팅 자원을 인터넷으로 원격으로 제공하는 기술이다. 특히 AI의 모델 훈련, 빅데이터 분석, 기계 학습 알고리즘 실행과 같은 데이터 집약적 작업에서 필수 기반 시설이다. AI 모델 학습에는 막대한 연산 자원이 필요하며, 클라우드는 이를 유연하고 확장 가능한 방식으로 제공한다. 예를 들어, 아마존웹서비스(AWS, Amazon Web Services), 마이크로소프트 애저(Azure), 구글 클라우드 플랫폼(GCP, Google Cloud Platform)과 같은 글로벌 클라우드 서비스 기업들은 그래픽처리장치(GPU), 텐서처리장치(TPU)와 같은 고성능 연산 장비를 대여 형식으로 제공해, AI 연구자와 개발자들이 대규모 모델을 빠르고 효율적으로 훈련할 수 있게 한다. 그러나 클라우드 컴퓨팅만으로는 실시간 반응과 낮은 지연 시간을 필요로 하는 AI 서비스 조건을 충족하기 어렵다. 이에 대한 해결책으로 등장한 것이 바로 에지 컴퓨팅(Edge computing)이다. 에지 컴퓨팅은 데이터를 생성한 위치와 가까운 지점에서 데이터를 처리하는 방식으로, 중앙 집중형 데이터센터의 부담을 분산한다. 자율주행차, 스마트 공장, 원격 진료, 증강현실(AR)

과 같은 분야에서 낮은 지연시간(Low Latency)을 통한 실시간 데이터 처리에 필수 기술이다.

국제데이터공사(IDC, International Data Corporation)의 보고서는, 2024년 기준 전 세계 에지 컴퓨팅에 대한 지출은 232억 달러이고, 2027년까지 350억 달러로 증가할 것으로 예상한다. 이는 AI가 중앙 데이터센터가 아닌, 에지 디바이스 자체에서 직접 작동 가능해지고 있음을 보여 준다. 예를 들어, 스마트폰에 탑재된 AI 보이스 어시스턴트는 클라우드 대신 기기 내부에서 명령어를 인식하고 처리해 지연시간을 줄이고 프라이버시를 보호할 수 있다. 《가트너(Gartner)》는 2024년까지 전 세계 기업의 약 40%가 하나 이상의 에지 유스 케이스(Edge use case)를 도입할 것을 예측했다. 이는 기업들이 데이터센터를 통한 일괄 처리에서 벗어나, 보다 분산된 형태의 데이터 처리 인프라를 구축하고자 함을 의미한다.

전력 효율성과 환경 지속 가능성

에지 컴퓨팅은 클라우드 대비 더 뛰어난 전력 효율성을 제공한다는 장점도 있다. 레드햇(Red Hat)의 분석에 따르면, 에지 AI는 데이터를 클라우드로 전송하지 않고 로

컬에서 직접 처리해 에너지 사용량을 획기적으로 줄일 수 있다. 이는 특히 전력 소비와 탄소 배출 문제가 사회적으로 부각하는 상황에서 매우 중요한 기술 진보다. 이는 대규모 데이터센터의 전력 소비 문제가 사회적 쟁점이 되는 가운데 에지 컴퓨팅의 효용성을 더욱 부각한다.

또한 엔비디아(NVIDIA)의 런AI(Run:ai)는 GPU 리소스를 동적으로 할당하고, AI 작업을 분산 환경에서 병렬로 처리해 전체 연산 효율을 극대화하는 기술을 제공한다. 이는 클라우드와 에지 간 균형 잡힌 리소스 활용을 가능케 하며, 대규모 AI 워크로드의 처리 효율성과 자원 활용도를 동시에 높이는 효과를 준다. 이처럼 클라우드와 에지 컴퓨팅의 조합은 단순한 기술적 진보를 넘어, 에너지 지속 가능성과 연결된 전략적 접근 방식으로 평가된다.

클라우드와 부동산 시장

클라우드와 에지 컴퓨팅의 확산은 부동산 시장에 중대한 변화를 초래하고 있다. 특히 도심과 교외 지역의 상업용 부동산 수요에 영향을 주며, 데이터 인프라 구축을 위한 신규 공간 수요가 부동산 가치를 재편하고 있다. 글로벌 부동산 서비스 기업 JLL은 보고서에서, 에지 IT 인프라 시장은 2026년에 317억 달러 규모로 성장할 것으로 예상한다. 이는 IoT(Internet of Things, 사물인터넷) 기기, 생성형 AI, 스마트시티 인프라가 확대되면서 도심 인근에 위치한 소규모 에지 데이터센터의 수요가 급증하고 있음을 시사한다.

예를 들어, 기존 건물의 루프톱이나 지하 공간이 에지 노드 설치 장소로 활용되면서, 도심 상업 건물의 활용 가치가 상승하고 있다. 이는 단순히 부동산 수익 모델의 다변화에 그치지 않고, 스마트 빌딩의 기능 향상과도 연결된다. 식스팹(Sixfab)에 따르면, 에지 컴퓨팅 기반 스마트 빌딩 시스템은 환기 및 조명 최적화로 근로자 생산성을 평균 8~11%까지 높이며, 조명 조건 개선만으로도 생산성이 최대 23% 향상될 수 있다.

이러한 기능은 기존 노후 상업용 건물의 리모델링을 촉진하며, 스마트 인프라를 갖춘 부동산의 가치를 증가하는 요인으로 작용한다. 스마트 조명, 에너지 절감형 냉난방공조(HVAC) 시스템, AI 기반 실내 환경 모니터링 기술 등이 에지 인프라와 결합하면서, 고부가가치 상업 부동산 시장이 빠르게 성장하고 있다.

지역 갈등과 규제 이슈

그러나 에지 데이터센터 확산이 항상 긍정적인 결과만 가져오는 것은 아니다. 특히 도심에 위치한 데이터센터 또는 에지 인프라 설비가 지역 주민의 반발을 야기할 수 있다. 경기도 고양시에서 데이터센터 건설이 소음, 전자파, 미관 문제 등으로 주민 반대와 정치권 개입 속에 공사가 중단된 사례가 존재한다(매일경제, 2025.2.25). 이는 에지 데이터센터도 유사한 갈등에 직면할 수 있음을 보여 준다.

에지 인프라가 설치될 부지는 대개 주거지 인근이거나, 기존 상업 공간을 리모델링해 활용하기 때문에, 조닝(Zoning) 변경이나 환경 규제 등 다양한 행정적 문제를 수반한다. 스마트시티 개발 프로젝트는 기술적 완성도와 별개로 사회적 합의 형성과 지역 커뮤니케이션 전략 수립이 필수다.

도시 인프라 효율성의 향상

에지 컴퓨팅은 도시 인프라의 효율성 제고에 중요한 역할을 한다. AI 기반 에지 컴퓨팅은 교통 신호 최적화로 도시의 혼잡도를 줄이고, 교통안전을 향상할 수 있다. 궁극적으로 토지 사용에 여유를 제공하고, 도시 재개발 및 부동산 개발 전략에 유연성을 부여한다. 또한 도시의 폐기물 관리, 수질 모니터링, 실시간 인구 이동 파악 등 다양한 스마트시티 기능을 강화해 도시 관리의 효율성을 크게 향상할 수 있다. 이는 공공 인프라 활용의 극대화를 가능하게 하며, 부동산 자산 가치에도 긍정적 영향을 줄 것이다.

클라우드와 에지 컴퓨팅의 조합은 부동산 시장과 도시 인프라의 지형을 변화하고 있다. 에지 컴퓨팅은 대규모 중앙 데이터센터에 대한 의존도를 줄이면서, 도시와 교외의 부동산 가치 균형을 재조정하고 있다. 이는 도시 내 공간 활용 최적화와 더불어, 지속 가능한 도시 인프라 개발에도 긍정적 효과를 미친다.

클라우드 시대의 부동산

클라우드 및 에지 컴퓨팅 시대는 단순한 기술 변화에 그치지 않고, 부동산 시장과 도시 계획 전반에 구조적 변화를 이끌고 있다. 도시 인프라 효율성과 지속 가능성을 높이며, 부동산 자산의 활용 가치를 재조명하게 만든다. 동시에 지역사회와의 갈등 완화, 제도적 정비, 에너지 효율성 개선 등의 과제가 있으며, 이러한 문제에 대한 통합적 대응이 향후 스마트 도시 구축의 핵심이 될 것이다.

참고문헌

매일경제(2025.2.25). "전자파 맞으며 살라고?"…근거없는 괴담에 정치권도 가세, 데이터센터 공사중단.
https://www.mk.co.kr/news/realestate/11249332

CIO(2024). *The impact of AI on edge computing.*
https://www.cio.com/article/2096863/the-impact-of-ai-on-edge-computing.html

Colocation America(2021). *Are there benefits of a rural data center?.*
https://www.colocationamerica.com/blog/page/15

Cyber Command(2025). *Cloud computing real estate: Top 5 amazing benefits 2025.*
https://cybercommand.com/cloud-computing-real-estate/

Datacenters.com(2025). How smart cities are influencing data center site selection.
https://www.datacenters.com/news/how-smart-cities-are-influencing-data-center-site-selection

Deloitte(2024). Generative AI power needs for data centers.
https://www2.deloitte.com/us/en/insights/industry/power-and-utilities/nuclear-energy-powering-data-centers.html

Device42(2023). Understanding the impact of edge computing on data center management.
https://www.device42.com/blog/2023/03/01/understanding-the-impact-of-edge-computing-on-data-center-management/

Fagen Wasanni Technologies(2023). *AI edge computing and its impact on urban infrastructure.*
https://mena-forum.com/ai-edge-computing-impact-urb

an-infrastructure/

Goldman Sachs(2024). *AI to drive data center power demand increase.* https://www.goldmansachs.com/insights/articles/ai-to-drive-165-increase-in-data-center-power-demand-by-2030

JLL(2024). Global edge data center market to cross $300B by 2026. https://futurecio.tech/global-edge-data-centre-market-to-cross-300b-by-2026/

NVIDIA Run:ai(2023). Accelerate AI & machine learning workflows. https://www.nvidia.com/en-us/software/run-ai/

Red Hat(2023). What is edge AI?. https://www.redhat.com/en/topics/edge-computing/what-is-edge-ai

Sixfab(2023). Smart cities powered by IoT edge: Transforming urban landscapes. https://sixfab.com/blog/smart_cities_powered_by_iot_edge/

Wikipedia(2023). Edge computing. https://en.wikipedia.org/wiki/Edge_computing

03
AI와 기업 입지의 변화

AI와 데이터센터 기술의 급속한 발전은 기업의 입지 전략에 근본적인 변화를 불러오고 있다. 기업 입지 선정의 주요 동인이 어떻게 변화하고 있는지 살펴보고, 이러한 변화를 디파스콸리와 휘튼의 "부도심 이론"으로 고찰하고, AI의 연산 수요, 데이터센터 인프라, 전력 가용성, 지속 가능성 등의 요소가 기업의 입지 전략에 미치는 영향을 알아본다.

AI와 난임 극복?

전통적 기업 입지 요인

과거 수십 년 동안 기업 입지 결정은 여러 요소의 복합적 고려로 이루어진다. 요인은 주로 시장 접근성, 노동력 가용성, 운영 비용, 교통 인프라, 자연재해 위험 등이며, 산업의 특성과 지역 여건에 따라 다양한 조합으로 적용된다.

시장 접근성은 전통적 기업 입지 전략에서 가장 핵심 요인이다. 기업은 자사의 제품이나 서비스가 소비자에게 신속하고 효율적으로 도달할 수 있도록 시장과 가까운 위치를 선호한다. 예컨대 금융 서비스 기업은 고객 접점과 정보 중심이 밀집된 뉴욕시 같은 도시의 중심업무지구(CBD, Central Business District)에 본사를 두는 경향이 강하다. 시장 접근성이 곧 경쟁력으로 직결되는 시장지향형 산업에서는 이러한 요소가 입지 결정의 절대 기준이다.

노동력의 가용성 역시 매우 중요한 요인이다. 기업은 전문성과 숙련도를 갖춘 인재를 확보할 수 있는 지역을 선호하며, 특히 소프트웨어, 연구개발, 바이오 등 고부가가치 산업은 입지 선정의 결정적 요소다. 캘리포니아의 실리콘밸리나 보스턴의 루트128(Route128)처럼 우수 대학과 연구기관이 밀집한 지역은 첨단산업 업종이 집중되는 허브로 작용하며, 고급 인재를 효율적으로 확보하고 유지하는 구조적 기반이다.

제조업이나 물류업 등 비용 민감도가 높은 산업은 임대료, 재산세, 인건비 등의 비용 요소가 입지 결정의 주요한 기준이다. 교통 인프라의 접근성도 입지 전략의 핵심 변수다. 고속도로, 항만, 공항 등의 주요 교통 거점에 가까운 입지는 공급망 효율성과 물류비 절감의 요인이며, 수출입이 빈번한 산업의 입지 선정 시 필수 고려 사항이다. 이러한 요인으로 디트로이트는 자동차 산업의 중심지로 성장했으며, 이는 주요 고속도로망과의 연계성과 공급망 네트워크의 중심 위치라는 입지적 장점에 기반을 둔 결과다.

이같이 전통적인 기업 입지 전략은 물리적 거리, 비용 효율성, 인력 확보 가능성, 운영 안정성을 중시하는 방식으로 구성되며, 이는 단일 중심업무지구 구조와 강하게 연계되어 있다.

AI와 새로운 기업 입지 패턴

AI 기술의 도입과 데이터센터 기반의 디지털 인프라 확대는 기업 입지 전략에 근본적인 전환을 야기하고 있다. 새로운 입지 결정 요인은 단순한 물리적 접근성이나 비용 중심에서 벗어나, 계산 인프라의 질과 규모, 전력 접근성, 지속 가능성, 혁신 생태계와의 연결성, 환경적 제약 요소를 포함하는 보다 복합적인 조건들을 요구한다.

컴퓨팅 인프라의 근접성은 AI 시대의 대표적인 입지 요인으로 부상하고 있다. AI 모델, 특히 생성 AI는 대규모 병렬 연산과 그래픽처리장치(GPU) 자원의 집약적 활용을 필요로 하며, 이를 효율적으로 운영하기 위해서 대형 데이터센터와의 근접성이 필수다. 구글은 미국 오리건주의 '더달스(The Dalles)' 지역에 수력 기반의 데이터센터를 운영하며, 낮은 전력 비용과 친환경 에너지 활용이라는 이점을 극대화하고 있다.

데이터 접근성과 네트워크 인프라 역시 핵심 요인으로 작용하고 있다. AI 시스템의 학습과 운영은 대규모 데이터셋과 저지연 네트워크 환경을 필요로 하며, 기존의 시장 접근성 개념은 '데이터 접근성'이라는 형태로 변형되고 있다. 샌프란시스코나 시애틀은 기술 스타트업, 클라우드 서비스 기업, 그리고 연구 기관이 밀집해 있어 고품질 데이터 및 기술 교류가 가능한 환경을 제공한다. 이 지역은 물리적 집적의 가치 외에도, 디지털 네트워크 상 집적성으로 전략적 우위를 확보하는 데 유리하다.

지속 가능성과 친환경 에너지 확보는 기업 ESG

(Environmental, Social and Governance) 전략의 일환으로 입지 전략에 통합되고 있다. 데이터센터는 엄청난 전력과 냉각 자원이 필요해, 태양광이나 수력 등 재생 가능 에너지원을 안정적으로 확보할 수 있는 지역이 선호된다. 특히 북유럽은 자연 기후 조건, 친환경 에너지 활용 가능성, 정부의 탄소 감축 정책 등으로 글로벌 기술 기업들의 관심을 받고 있다.

혁신 생태계와의 연결성도 여전히 중요한 고려 사항이다. 대학, 연구소, 벤처캐피털, 글로벌 기업이 밀집한 지역은 기술 혁신과 창업의 중심지가 되며, 이로 인해 AI 기업의 본사나 연구개발(R&D) 부서는 이러한 도시 중심 허브에 있는 경향이 있다. 방갈로르(인도), 실리콘밸리(미국), 케임브리지(영국) 등은 각각의 국가에서 대표적인 기술 생태계 허브로, AI 산업에서 핵심 역할을 하고 있다.

이처럼 AI와 데이터센터 중심의 기업 입지 전략은 기술 요구 사항과 환경 조건이 결합된 다차원적 요소를 고려하며, 과거의 단순한 물류 및 비용 중심 접근 방식과 본질적으로 구분되는 전략적 사고를 요구한다.

부도심 이론과의 연결

도시가 단핵 도심 구조에서 다핵 구조로 진화하고 있다. 기업이 임대료와 운영비 절감을 위해 도심을 떠나 교외 지역에 부도심(Subcenter)을 형성한다. 이는 교통 인프라와 노동시장 접근성 향상에 따라 촉진되기 때문이다.

이러한 부도심 형성 이론(DiPasquale & Wheaton, 1996)을 AI 시대의 기업 입지 전략에 적용해 현대적으로 재해석할 수 있다. AI 기반의 기업들은 연구개발 활동을 도심의 혁신 허브에 유지하고, 고비용의 계산 작업은 전력 확보가 용이하고 토지비용이 낮은 교외 또는 농촌 부도심으로 이전한다. 부도심 형성 이론에서 논의하는 '비용 절감에 의한 탈중심화'와 일맥상통하는 부분이다. 부도심 형성 이론에서 이야기하는 '접근성 개선'으로 인한 부도심 형성 촉진 현상은 AI 인프라의 특성인 '저지연 네트워크 연결성'으로 설명할 수 있다. 단순한 물리적 이동 거리보다 데이터의 전송 속도와 지연 시간(Latency)이 기업 입지 전략에서 중요한 고려 사항이다.

기업 입지 전략은 시대의 기술, 에너지, 인프라 여건에 따라 중심축이 달라졌다. 특히 AI와 데이터센터 중심의 경제 구조가 확산되면서, 과거의 전통적 입지 요인과는 상이한 논리와 우선순위가 작용하고 있다.

우선 입지 구조의 중심성 측면에서, 전통적인 기업들은 시장 접근성과 노동력의 밀집을 이유로 중심업무지구에 본사를 위치시킨다. 이러한 단일 중심 구조는 고밀도 도시를 기반으로 하므로, 경제 활동이 특정 도심 지역에 집중되는 결과를 낳는다. 반면 AI 시대의 기업 입지 전략은 하나의 중심지에 모든 기능을 집중하기보다, 각 기능의 특성에 따라 입지를 분산하는 '이중 전략' 혹은 '다중 중심 구조(Polycentric model)'로 진화한다. 연구개발과 인재 확보는 여전히 도심의 혁신 허브에 집중하고, 고비용의 계산 작업은 농촌 지역의 데이터센터로 분산하는 구조다.

전통적 기업 입지 전략의 핵심 요인은 노동력의 질과 양, 고객 시장과의 거리, 그리고 임대료와 같은 직접 비용 등이다. 시장 경쟁과 공급망 효율성이 주요 전략적 가치였던 산업 경제 시대의 특징을 반영한다. 이에 비해 AI 기반 기업은 계산 인프라의 품질, 안정적인 전력 공급, 재생 가능하고 대용량 에너지의 접근 가능성, 그리고 데이터 처리 속도의 최소화를 주요 기준으로 삼는다. 물리적 거리 외에도 기술적이고 에너지 중심 요소들이 기업 입지에 반영되며, 입지 전략이 기술 생태계 중심으로 재편되고 있다.

입지 결정을 이끄는 동인(Driving forces)의 변화가 여기서 주목되는데, 과거는 고속도로, 항만, 철도 등 물리적 운송 인프라 관련 요인들이 기업 입지의 핵심 동인이었다면, AI 시대는 디지털 전송 인프라, 즉 네트워크 연결성, 지연 시간, 전력망 안정성과 같은 기술 기반 동인이 입지 결정을 주도한다. 따라서 도로망과 항만 인접성을 우선하던 과거와 달리, 오늘날의 전략은 그리드 전력망 용량, 재생 가능 전력의 확보 여부, 환경 인허가의 용이성 등이 중점 고려 사항이다.

인프라 병목 요인의 유형에서, 전통 산업 입지 모형은 교통 체증, 토지 부족, 도시 혼잡 등이 주요 제약 요인이나, AI 시대는 전력망 용량 부족, 재생 가능 에너지의 불균형 공급, 환경 규제 및 주민 반발 등이 새로운 형태의 주요 제약 요인이다. 특히 데이터센터는 막대한 전력을 소비하기 때문에, 특정 지역에서 신규 프로젝트를 수용할 전력 인프라 자체가 존재하지 않는 경우가 늘고 있으며, 이는 부도심 확장의 한계를 드러내는 요인이다.

AI 시대 기업 입지 전략

과거와 현재의 기업 입지 전략은 그 중심 논리, 고려 요소, 추진 방식, 시간 축, 인프라 제약 등의 측면에서 본질적 차이를 보인다. 이러한 변화는 단순한 기술 혁신의 결과가 아니라, 에너지 구조, 규제 환경, 디지털 전환의 패러다임이 기업 활동의 물리적 기반에까지 영향을 미치고 있음을 시사한다. 결과적으로 기업은 단일 입지 최적화보다는 복수 거점 최적화를 추구하며, 도심과 교외, 농촌 지역 간의 기능 분업적 공간 전략을 정교하게 설계해야 하는 시대로 접어들고 있다.

참고문헌

Area Development(2024). Corporate site selection factors and strategy. https://www.areadevelopment.com/corporate-site-selection-factors/

CBRE UK(2024). How will the implementation of AI impact corporate location strategies? https://www.cbre.co.uk/insights/articles/how-will-the-implementation-of-ai-impact-corporate-location-strategies

CoreLogic(2024). The AI power boom means rethinking data center location strategy. https://www.corelogic.com/intelligence/ai-data-center-location-strategy/

Data Center POST.(2024). Unveiling the future: Key insights from the JLL Data Center Outlook Global 2024 report. https://datacenterpost.com/unveiling-the-future-key-insights-from-the-jll-data-center-outlook-global-2024-rep ort/

DiPasquale, D. & Wheaton, W. C.(1996). U*rban Economics and Real Estate Markets.* Prentice Hall.

Ernst & Young(2024). How data center industry operators can keep up with growing AI demand. https://www.ey.com/en_us/insights/strategy/how-data-center-industry-operators-can-keep-up-with-growing-ai-demand

Goldman Sachs(2025). *AI to drive 165% increase in data center power demand by 2030. American Public Power Association.* https://www.publicpower.org/periodical/article/ai-drive-165-increase-data-center-power-demand-2030-goldman-sachs

Jones Lang LaSalle(JLL).(2025). 2025 Global Data Center Outlook. https://www.jll.com/en-us/insights/data-center-outlook

Maptive(2022). Site selection: How to choose the right business location in 2025. https://www.maptive.com/business-location-selection/

McKinsey & Company(2024). *AI power: Expanding data center capacity to meet growing demand.* https://www.mckinsey.com/industries/technology-media-and-telecommunications/our-insights/ai-power-expanding-data-center-capacity-to-meet-growing-demand

McKinsey & Company(2025). How AI is transforming strategy development. https://www.mckinsey.com/capabilities/strategy-and-corporate-finance/our-insights/how-ai-is-transforming-strategy-development

04
AI와 주거 입지

도시 공간과 주거지 선택은 오랫동안 경제학자들의 주요 연구 대상이었다. 리카르도의 도시 성장 모형과 튀넨의 농업 입지 모형은 중심지와의 거리, 통근 및 운송 비용에 따라 토지 이용이 결정된다는 점에서 도시 구조를 설명하는 데 중요한 역할을 해 왔다. 그러나 최근 AI, 원격 근무, 자율주행 기술의 발전은 이러한 고전 이론에 근본적인 변화를 요구하고 있다.

AI와 사주?

주거 입지를 바라보는 고전적 시각

도시 공간의 형성과 주거지 선택에 대한 이론 중 대표적으로 '리카르도(D. Ricardo)의 입찰 지대 모형(Bid-Rent Model)'과 '튀넨(J.H. v. Thunen)의 농업 입지 모형(Model of agricultural land use)'은 공간경제학의 근간을 형성한 이론으로 평가받는다. 이 모형은 토지 사용과 임대료가 중심지와의 거리, 통근 비용, 운송 비용에 따라 달라진다는 가정을 전제로 한다. 리카르도의 도시 성장 모형은 도시 내에서의 토지 임대료가 중앙업무지구(CBD, Central Business District)와의 근접성, 그리고 통근 비용에 따라 결정된다는 점을 강조하며, 입찰 지대 모형(Bid-Rent Model, 도심으로부터 멀어질수록 토지 가격 및 수요는 어떻게 변화하는지 설명하는 모형) 곡선으로 시각화한다. 한편 튀넨의 농업 입지 모형은 비록 농촌경제를 설명하기 위한 것이지만, 도시 맥락에 적용하면 거리와 운송 비용에 따라 상업, 주거, 산업, 농업 순으로 용도가 분화된다는 점에서 현대 도시 구조 분석에 활용할 수 있다.

그러나 AI, 원격 근무, 자율주행 차량 등 기술의 급속한 발전은 기존의 고전적 도시 이론에 중요한 도전을 던지고 있다. 특히 코로나19 팬데믹을 계기로 촉발된 원격 근무의 확산은 '도심 중심의 고용'이라는 전제를 흔들고 있으며, AI 기술은 교통 · 물류 시스템을 재편하고 주거지 선택 기준을 근본적으로 변화시키고 있다.

리카르도와 튀넨 모형

리카르도의 모형은 도시에서의 주거지 선택이 토지 가격(임대료)과 통근 비용 간의 상충관계(Trade-off)에 따라 결정된다는 이론이다. 도시 중심부에 가까울수록 임대료는 높지만 통근 시간은 짧고, 외곽으로 갈수록 임대료는 낮지만 통근 비용은 증가한다. 이에 따라 도시 공간은 동심원 구조를 가지며, 각 계층의 소득 수준에 따라 주거지가 구분된다는 점이 강조된다.

튀넨의 모형은 도시 중심(시장)을 기준으로 농업 생산물의 운송 비용에 따라 토지 용도가 결정된다. 시장과 가까울수록 상하기 쉬운 농작물(예: 채소, 유제품), 다음은 삼림, 곡물, 마지막은 방목지 순으로 배열된다. 도시 중심과의 거리 및 운송 효율성에 따라 자원의 배치가 어떻게 결정되는지를 설명하며, 도시 맥락에서는 상업 → 주거 → 공업 → 농업 순으로 변환 적용된다.

고용의 탈집중화와 공간 분산화

AI를 비롯한 첨단 기술이 주거 입지에 미치는 직접 효과 중 하나는 '원격 근무의 가능성 확대'다. AI와 디지털 도구의 발전은 사람들이 물리적으로 직장에 출근할 필요성을 감소한다. 이는 곧 도시 중심에 고용이 집중돼야 한다는 전통적 조건을 약화하고 도시 외곽이나 심지어 농촌 지역의 고용 가능성을 보여 준다.

예를 들어, 미국의 일부 소도시 및 교외 지역은 코로나19 팬데믹 이후 '줌타운(Zoom Towns)'으로 불리며 새로운 주거 중심지로 부상했다. 애리조나의 세도나, 몬태나의 보즈먼, 콜로라도의 애스펀 등은 IT 종사자, 크리에이터, 고소득 근로자들이 이주하면서 부동산 가격이 급등했다. 이처럼 리카르도 모형에서의 임대료 경사(Bid-rent curve)가 완만해지며 도시 경계가 확장되고, 주거지가 다핵 구조(Polycentric structure)로 변하는 경향을 보이고 있다.

자율주행 차와 통근 비용 구조의 변화

AI 기반 자율주행 자동차의 보급으로 통근 시간과 비용에 대한 개념이 달라질 수 있다. 전통적 통근 비용의 지표는 거리와 시간에 대한 비용이지만, 자율주행 자동차는 이동 중에도 업무나 여가 활동이 가능해 '통근의 기회비용'을 낮추는 효과를 가져온다.

글레이저와 칸의 연구에 따르면, 자율주행 차의 확산으로 도시의 유효 면적을 최대 20% 넓혀 외곽 지역의 주거 매력을 높이고 도시 경계를 확장하는 효과를 불러일으킬 수 있다(Glaeser & Kahn, 2020). 튀넨 모형에 비춰, 도시 외곽의 용도가 단순 농업이나 공업이 아니라 고급 주거지로 대체될 가능성도 있는 것이다. 실제 로스앤젤레스나 댈러스처럼 이미 넓은 미국의 도시에서도 원격 근무 제도의 도입으로 도시 경계가 확장되는 경향이 나타나고 있다.

AI는 단지 분산화만 촉진하는 것이 아니라, 도시 내 스마트 인프라 구축으로 도심의 매력을 강화할 수도 있다. 예를 들어, 싱가포르는 AI 기반 교통 제어, 에너지 효율화, 공공 안전 시스템 등으로 도심 거주자의 삶의 질을 극대화하고 있다. 이로 인해 고소득 계층이 도시 중심으로 회귀하는 현상도 일부 관찰된다. 리카르도의 모형에 비추어 보면, 원격 근무 도입에 따라 도시 밀도가 단조 감소하기만 하는 것이 아니라 특정 지점에서는 밀도가 반등할 가능성도 있다.

원격 근무의 확산은 주거 선택의 자유도를 비약적으

로 확대했다. 매킨지(McKinsey) 보고서는, 미국 노동자의 약 20%는 주 3일 이상 원격 근무가 가능하며, 이는 기술 발전과 함께 점점 증가할 것으로 예상한다. 이러한 변화는 튀넨의 모형에서 여러 개의 부도심이 형성되어 다핵 구조 모형으로 발전하는 양상을 설명할 수 있다. 샌프란시스코의 IT 인력들이 실리콘밸리 외곽이나 타호 호수 근처로 이동해 새로운 주거 입지 중심이 형성되는 데서 그 예를 찾을 수 있다. AI 산업의 중심지에서는 반대 양상이 나타나기도 하는데, 고급 기술 인력과 자본이 집중되는 실리콘밸리, 보스턴, 토론토 등에서는 주거 수요의 증가로 주택 가격이 급등하고 있다. 이러한 주거수요의 집중은 도시 내 불평등을 심화할 수 있음을 경고했다. 리카르도의 모형에 비추어 보면 이처럼 특정 기술 허브 주변의 임대료 경사가 급격히 상승할 수 있으며, 튀넨의 관점에서는 기술 클러스터가 새로운 도시 중심으로 기능할 때 주변 주거 단지가 더 밀집되어 나타날 수 있다.

그렇다면 원격 근무로 도시의 확장이 무한 발생할 것인가? AI 기반 원격 근무나 스마트시티가 가능하기 위해서는 기본적인 디지털 인프라가 갖춰져야 하지만, 농촌이나 저소득 지역(또는 국가), 산악지대와 같이 광대역 인터넷 접근성이 낮은 지역은 이러한 기술적 변화에서

소외될 가능성이 높다. 따라서 도시 계획 및 정책에서 디지털 불균형 해소가 핵심 과제로 남게 될 여지가 있다.

AI 시대가 만드는 도시의 모습

토론토는 북미에서 가장 빠르게 성장하고 있는 AI 허브 중 하나로, 벡터연구소(Vector Institute), 토론토대학교(University of Toronto), 그리고 다양한 AI 스타트업과 글로벌 기업의 연구개발 센터가 집중되어 있다. 이러한 기술 집적은 고급 인재의 유입을 유도하며, 주거 수요와 가격에 직접 영향을 미치고 있다. 2023년 토론토 중심부의 평균 주택 가격은 100만 캐나다달러를 돌파했고, 인근 외곽 지역도 30% 이상 가격이 상승했다. 2024년 토론토 인근의 미시소가(Mississauga)와 브램턴(Brampton) 지역의 주택 가격은 25% 상승했는데, 이는 AI 산업의 외연 확장에 따른 인구 이동과 수요 증가 때문이라고 해석할 수 있다.

이러한 변화는 특정 중심지에서의 임대료 경사가 더 가파르게 형성된다는 현상을 보여 주는데, 높은 주거비용을 감당할 수 있는 고소득 AI 전문 인력은 중심부에 몰리고, 저소득층은 외곽으로 밀려나 공간적 불평등이 심화되는 현상을 드러낸다. 토론토 중심부의 AI 클러스터가 기존의 상업 중심에서 새로운 형태의 '기술 중심'으로 기능하며 주변은 고소득층 거주지로 재편되고, 저소득층은 먼 외곽에 분산되는 양상을 보이게 되는 것이다. 특히 토론토는 다중 중심(Polycentric) 도시 구조로 점차 변모하고 있는데, 도시 중심 외에도 워털루(Waterloo), 해밀턴(Hamilton) 등 인근 도시들과의 접근성이 높아지면서 새로운 기술 중심지를 형성하고 있어 주거 수요의 지역 간 불균형을 심화하는 모양새다.

이러한 사례는 리카르도 모형에서의 통근 비용 절감이 도심 정주를 강화하는 방식으로 작용한다는 점에서 의미가 있다. 일반적으로 도심은 높은 임대료로 주거 매력이 낮지만, 교통과 생활 인프라가 AI로 최적화하면 그 단점을 상쇄할 수 있게 된다. 즉 AI는 고전적 도시 경제학에서 가정한 '통근 비용 = 거리'라는 공식을 수정하며, 도심의 경쟁력을 높이는 기술로 작용한다.

튀넨의 모델을 적용해 보면, 기존에는 도시 중심에 상업 기능만 밀집되어 있었으나, AI 기반 인프라의 향상은 도심 내 주거 기능을 더욱 강화하고 동시에 중심지의 다기능화(Multi-functionality)로 단일 용도에서 벗어난 복합 용도 도시 구조로의 전환을 촉진하게 된다. 실제로 스마트시티 전략을 택하고 있는 싱가포르는 마리나베이(Marina Bay), 부기스(Bugis), 탄종파가르(Tanjong Pagar) 등 중심지에서 고급 주거지와 오피스, 상업 시설이 혼재된 복합 단지를 지속적으로 개발하고 있다.

AI 시대의 도시 공간 구조 변화

AI 등 첨단 기술이 도시 중심의 주거 수요를 다시 높일 수 있다. 단순히 통근 거리로 보았을 때 첨단 기술이 도심의 '탈정주화(De-residentialization)'를 촉진할 것이라는 고전 모형의 예측과는 달리, 중심지의 생활 품질을 높여 다시 '재정주화(Re-residentialization)'를 유도할 가능성이 높다.

참고문헌

Brookings(2021) *The geography of AI : Which cities will drive the artificial intelligence revolution?.* https://www.brookings.edu/articles/the-geography-of-ai/

Canadian Real Estate Association(CREA)(2025). *Canadian Housing Market Stats.* https://www.crea.ca/housing-market-stats/canadian-housing-market-stats/

CBC News(2023.1.23). Federal cabinet retreat to focus on health care and economy. https://www.cbc.ca/news/politics/federal-cabinet-retreat-health-care-economy-1.6723456

CBC News(2023.11.15). Canadian housing starts up 2% in October, CMHC says. https://www.cbc.ca/news/business/housing-starts-up-two-percent-1.7433141

DiPasquale, D., & Wheaton, W. C.(1996). *Urban Economics and Real Estate Markets.* Prentice Hall.

Glaeser, E. L., & Kahn, M. E.(2020). The Economics of Transportation and Infrastructure in the 21st Century. *National Bureau of Economic Research,* https://www.nber.org/conferences/economics-transportation-and-infrastructure-21st-century-spring-2020

Lund, S., et al.(2021). The future of work after COVID-19. *McKinsey & Company,* https://www.mckinsey.com/featured-insights/future-of-work/the-future-of-work-after-covid-19

Ricardo, D.(1817). *Principles of Political Economy and Taxation.*

Thunen, J. H.(1826). *Der isolierte Staat.*

Toronto Regional Real Estate Board(TRREB)(2025a). *Market Watch.* https://trreb.ca/market-data/market-watch/

Toronto Regional Real Estate Board(TRREB)(2025b). *MLS® Home Price Index.* https://trreb.ca/market-data/mls-home-price-index/

Urban Redevelopment Authority(2023). *Annual Report 2022/2023.* https://www.ura.gov.sg/Corporate/Data/Resources/Publications/Annual-Reports/Web-AR/Annual_Report_2022-2023

Yalenews(2018) 'Path-breaking work' adapted 19th-century

trade theory to modern day.
https://news.yale.edu/2018/09/10/path-breaking-work-a
dapted-19th-century-trade-theory-modern-day

05
AI와 워케이션

도시 구조 및 입지 경제학 이론을 바탕으로, 워케이션이 한국 도시 구조에 미치는 영향을 분석한다. 특히 제주, 강릉, 양양 등지에서 나타나는 워케이션 거점의 공간적 확산과 기능적 분화를 사례 중심으로 살펴보며, 기존의 중심–외곽 구도가 다핵화 · 유연화하는 과정을 실증적으로 조명한다. 이를 통해 기술 변화와 공간 수요의 재조합이 도시 공간을 어떻게 재형성하는지 살펴본다.

AI와 아이돌?

이론적 배경: 도시 구조와 입지의 경제학

리카르도(Ricardo)의 이론은 도시 내 토지 임대료가 중심업무지구(CBD)와의 거리 및 통근 비용으로 결정된다는 점에서 도시 공간 구조의 기본 모델이다. 튀넨(Thunen)은 농업경제학의 관점에서 중심과 외곽 간의 기능적 분화와 운송 비용의 영향력을 설명했으며, 이는 도시 내 상업 · 주거 · 산업 기능의 배치와도 유사한 구조를 가진다. 디파스콸리와 휘튼(DiPasquale & Wheaton)은 현대 도시가 단일 중심에서 벗어나 다중 중심 구조로 전환되고 있으며, 기술 혁신과 교통 개선이 이러한 공간적 재편을 촉진한다고 보았다.

국내 워케이션 트렌드와 거점 도시의 부상

최근 국내에서도 원격 근무에 기반을 둔 워케이션(Workcation) 수요가 증가하면서, 지방 중소도시 및 관광지를 중심으로 새로운 주거 · 업무지로서의 가능성이 부각하고 있다. 특히 제주와 강릉은 물리적 환경뿐 아니라 사회, 제도적 기반에서도 워케이션 정착에 유리한 여건을 갖추고 있다.

제주도는 자연환경과 독립적 섬이라는 특성을 바탕으로 '섬 속의 디지털 도시'라는 정체성을 강화하고 있다.

제주창조경제혁신센터는 코워킹(Coworking) 공간 제공뿐 아니라, 디지털 노마드(Digital Nomad) 맞춤형 프로그램을 운영하며 장기 체류를 유도하고 있다. 특히 중문, 노형, 조천 지역에는 워케이션 인프라가 집중되며, 지역 내 주택 및 임대 시장에도 영향을 주고 있다. 최근에는 지역 경제와 연계한 지속 가능한 워케이션 모델이 논의되고 있다.

강릉은 KTX 연결로 서울과의 2시간 내 이동권을 확보하면서, '자연 친화적 스마트 업무 도시'로의 브랜딩을 진행 중이다. 경포, 안목, 주문진 일대에 워케이션 전용 숙박 및 코리빙(Coliving) 공간이 확산하고 있으며, 이를 중심으로 카페 · 서핑 · 로컬 콘텐츠와의 연계가 활발하다. 강릉시는 강릉관광개발공사 주도로 원격 근무자 대상 정주 지원금 및 주거 보조 프로그램을 운영하며 원격 근무 기반의 도시 정주 구조 재편 전략을 명확히 제시하고 있다. 강릉시청은 청년층 유입을 위한 코워킹 인프라 확대 및 지역 커뮤니티 연계형 행사를 기획하며, 워케이션 수요가 지역 창업 및 문화 산업 생태계에 파급 효과를 주고 있다는 평가를 받는다.

최근에는 낙산과 양양 지역까지 워케이션 수요가 확장되고 있다. 양양군은 국내 서핑 문화의 중심지로 부상하며, 서핑 · 자연 · 여가를 결합한 복합 체류형 근무 환경을 제공하고 있다. 낙산 해변, 죽도 해변 일대는 파도를 따라 움직이는 디지털 노마드들에게 최적의 거점으로 부상하고 있으며, 서핑 스쿨과 숙박 시설, 공유 오피스가 복합된 공간이 조성되고 있다. 이로 인해 강릉-양양-속초 해안축은 새로운 형태의 워케이션 벨트로서 주목받으며, 여름철에 집중되던 해양 관광 수요가 연중형 체류 수요로 전환되는 구조적 변화를 보인다.

워케이션이 도시 구조에 미치는 영향

제주의 사례는 기술 기반의 공간 자유화가 가져온 도시 공간 구조의 재편을 잘 보여 준다. 리카르도의 고전적 도시 입지 이론에서는 고용 밀도가 높은 중심업무지구 근접성이 주거 선택의 핵심 요인이었으나, 원격 근무가 일반화된 이후 이러한 입지적 우위는 상대화하고 있다. 제주 지역은 비록 수도권에서 물리적으로 멀리 떨어진 도서 지역이지만, 고속 인터넷망과 원격 협업 툴이 보편화되면서 '물리적 거리'보다 '삶의 질', '경관 만족도', '사회적 네트워크' 등의 질적 요소가 주거 선택을 결정하는 주요 변수로 작동하게 되었다. 실제로 제주관광공사(2024)의 실태 조사에 따르면, 워케이션 체류자의 65%

이상이 '자연환경 및 휴식 가능성'을 주거 입지 결정의 주요 요인으로 꼽았다. 이러한 현상은 기존의 임대료 경사(Bid-rent) 곡선을 평탄화하며, 토지 가격 격차보다는 환경 요인의 공간 가치가 부각되는 새로운 도시 경제적 패러다임을 보여 준다.

또한 제주는 지역 내에서도 워케이션 수요의 유형에 따라 공간 구조가 이중화하는 양상을 보인다. 조천읍과 성산읍 일대는 비교적 조용하고 자연에 인접한 장기 체류형 워케이션 수요가 많은 반면, 제주시 노형 · 연동 일대는 코워킹과 커뮤니티 중심의 네트워크형 디지털 노마드들이 선호하는 지역이다. 이러한 내부 차별화는 도시 내 다기능 중심지의 형성과 이질적 주거 집적 패턴을 동시에 유도하고 있으며, 튀넨의 농업 입지 모형에서의 원형 구조가 현대 도시에서 기능 중심의 다핵 구조로 전환되고 있음을 실증적으로 보여 준다. 또한 지역 부동산 시장에도 영향을 주고 있는데, 제주특별자치도(2023)의 자료에 따르면, 워케이션 거점 지역의 소형 임대주택 월세는 2023년에 2022년 대비 약 18% 상승한 것으로 나타났다. 이는 외부 수요의 집중이 지역 내 거주 비용 상승과 공간자산 가치 재평가로 이어지고 있음을 의미한다.

강릉은 교통 접근성과 여가 인프라가 결합된 해안 도

시형 워케이션 모델로, 수도권과의 물리적 연결성이라는 장점을 적극 활용하고 있다. 2018년 KTX 강릉선 개통 이후 서울에서 약 2시간 이내 이동이 가능해지며, 주말 여행지에서 상시 체류 가능지로 위상이 바뀌었다. 특히 경포 해변, 안목 커피거리, 사천진 해변 등은 단순한 관광 명소를 넘어 원격 근무 기반의 '생활형 체류지'로 기능 전환하고 있다. 실제로 강릉시(2022)는 해당 해변 일대에 코워킹 스페이스 12곳과 코리빙 형태의 장기 숙박시설 10여 곳을 시범 운영하며, 외부 유입자에게 주거지 이상의 복합 생활공간을 제공하고 있다.

이 같은 워케이션 중심의 외곽 공간 성장 구조는 도시 내부에서의 중심 이탈 현상, 즉 도심의 기능적 탈중심화와 새로운 부도심 형성을 유도한다. 이는 디파스콸리와 휘튼이 설명한 바 있는 '경제 활동 중심의 공간 재배치' 모델과 부합하며, 도시 공간이 기능 중심으로 재편되는 이론적 배경을 제공한다. 강릉은 특히 관광, 창업, 문화, 디지털 근무의 경계가 점차 융합하며 전통적 도시 구조의 경직성을 해소하고 있다. 강릉시에는 워케이션 거점 인근에서 창업한 청년 기업 수가 2020년 이후 2년간 약 73% 증가했다. 이는 워케이션 인구가 단순 체류자를 넘어 지역 경제 생태계의 일부로 편입되고 있다는 점에서 중요한 전환이라 볼 수 있다.

더욱이 강릉은 워케이션 기반의 사회문화 교류가 활발히 이루어지는 도시로도 부상하고 있다. 강릉문화재단과 민간 커뮤니티는 '로컬 워케이션 피크닉', '디지털 노마드 토크콘서트', '해변 프로젝트 공동작업소' 등 지역 기반의 교류 프로그램을 기획하며, 원격 근무자들의 정서적 공동체 형성을 지원하고 있다. 이는 기존 도시경제학 이론이 간과했던 '공간의 사회적 접착력(Social stickiness)'이라는 개념을 실천적으로 구현하는 사례로, 새로운 도시 입지 결정 요인의 확장 가능성을 시사한다.

워케이션과 도시 공간 구조 변화

워케이션은 단순한 일의 유연성을 넘어 도시 공간 구조의 전환을 유도하고 있다. 제주와 강릉은 각각 섬 지역과 해안 도시라는 특성을 바탕으로 워케이션 수요를 수용하며, 이는 중심지의 탈집중화와 공간 기능의 재배치를 의미한다. 도시경제학적 이론으로 해석할 때, 이러한 변화는 기존의 일방향적 중심-외곽 구도를 다기능 · 다중중심으로 진화하는 계기가 되고 있다. 앞으로의 도시 연구와 계획은 이러한 공간 구조의 유연성과 확산 가능성을 전제로 새로운 도시 모델을 설계할 필요가 있다.

참고문헌

강릉시(2024). 《제5차 강원특별자치도 정보화 기본계획 (2024~2028)》. https://state.gwd.go.kr/upload/board/BDFNPI02/1560bb3b-a937-403a-b65a-98a45097b667.pdf

제주특별자치도(2023). 《제주형 워케이션 활성화 방안》.

제주관광공사(2022). 《제주관광 빅데이터 이슈 분석: 워케이션》. https://ijto.or.kr/korean/Bd/view.php?bno=67&btable=policy&lcate=&p=6&pds_skin=

DiPasquale, D., & Wheaton, W. C.(1996). *Urban Economics and Real Estate Markets.* Prentice Hall.

Ricardo, D.(1817). *Principles of Political Economy and Taxation.*

Thunen, J. H.(1826). *Der isolierte Staat.*

06
AI와 부동산 개발의 변화

과거 경험과 직관에 의존하던 부동산 개발은 이제 AI 기반의 정량적 분석과 예측 모델로 변화해 AI는 도시 기획에서부터 건축 설계, 시공, 마케팅, 그리고 유지관리까지 부동산 개발의 전 단계를 보다 과학적이고 체계적으로 수행하고 있다. 스마트시티 조성, 대형 건설사의 AI 도입, 프롭테크 플랫폼의 성장 등 다양한 분야에서 AI 기술이 실질적으로 적용되고 있으며, 이는 도시 공간의 효율성과 지속 가능성, 이용자 편의성 향상에 크게 기여하고 있다.

AI와 야구?

부동산 개발 단계별 AI 기술의 적용

AI는 부동산 개발의 단계마다 다른 방식으로 기능한다. 계획 및 설계 단계에서는 공간 시뮬레이션과 수요 예측을 지원하고, 건설 단계에서는 공정 관리와 안전 감시를 수행하며, 마케팅 단계에서는 맞춤형 서비스 제공과 예측 분석으로 소비자의 구매 행동을 분석한다. 또한 운영 및 관리 단계에서는 에너지 최적화, 자산 상태 예측, 사용자 경험 향상 등 스마트 빌딩 시스템의 핵심으로 자리 잡고 있다. 이 장에서는 단계별 AI의 구체적 기능과 대표 사례를 설명한다.

부동산 개발에서 가장 전략적 단계인 계획 · 설계 단계에서는 토지의 최적 활용 방안, 건축물 배치, 교통 접근성, 환경 영향을 종합적으로 고려한 사전 분석 과정이 필수다. AI는 다양한 데이터를 통합 분석해 이를 지원한다. 디지털 트윈 기술과 결합된 AI는 가상의 도시 환경을 구현한 뒤 인구 밀도, 교통량, 소음, 공기 질, 태양광 노출 등 다양한 요소를 시뮬레이션한다. 이를 통해 개발자는 최적의 건물 배치와 도로 구조를 결정할 수 있다. 예를 들어, 세종 스마트시티의 5-1 생활권에서는 AI 기반 도시 시뮬레이션으로 주민 편의성과 환경 지속 가능성을 고려한 도시 계획이 수립된 바 있다. 세종시에서 교통, 안전, 에너지, 환경 부문에 적용된 AI와 디지털 트윈 기술은 도시 전반을 시뮬레이션하고, 발생 가능한 문제를 사전에 진단하는 데 이용된 바 있다. 예를 들어, AI는 차량과 보행자의 흐름을 예측해 교통 신호를 실시간 조정하고, CCTV 기반 범죄 감지 시스템으로 시민 안전을 지킨다. 자율주행 로봇 '스팟'이 공공 순찰 업무를 수행하며, 드론은 도로와 시설물의 상태를 점검한다. 기계학습을 기반으로 한 자동 설계 시스템도 주목받는데, 구조물의 하중, 재료비, 법규 기준 등을 스스로 학습해 설계 도면을 자동 생성하며, 설계 시간이 최대 40% 이상 단축된다. 이러한 시스템은 플랜트 설계나 대규모 단지 설계에서 높은 효율을 보이고 있다.

건설 단계에서 AI는 안전과 효율성을 동시에 추구하는 데 활용된다. 일반적인 적용은 영상 인식 기반의 안전 모니터링 시스템이다. 서울시에서 도입한 공공 건설 현장의 AI CCTV 시스템은 작업자의 안전모 착용 여부, 고소 작업 위치, 중장비 이동을 실시간으로 분석하고 있다. 사고 위험을 감지하면 즉시 경고가 발령해, 사고 발생의 감소에 일조하고 있다. AI는 부동산 개발 공정 관리에도 사용된다. 국내의 대형 건설사들은 수천 개의 작업 공정 데이터를 AI 모델로 분석해 예상 공기 지연 원인을 사전에 찾아, 자재 수급과 인력 투입 일정을 최적화한다. 다수의 건설사에서 도입하고 있는 대화형 AI 시스템은 공사 현장의 관리자들이 질문을 입력하면 설계 도서, 시공 매뉴얼, 과거 사례 등을 바탕으로 실시간 답변을 제공해 문제 해결 시간을 단축하고 있다.

부동산의 판매와 마케팅 단계에서는 소비자의 니즈를 분석하고 맞춤형 정보를 제공하는 것이 핵심이다. AI는 고객 행동 데이터, 검색 이력, 위치 기반 데이터를 분석해 각 개인에게 최적의 매물을 추천할 수 있다. 직방(Zigbang)은 AI 기반 알고리즘을 도입해 사용자 유형별로 주거 형태, 지역, 가격대를 정교하게 분석하고, 적절한 매물을 추천한다. 또한 가상현실(VR)과 결합한 AI 시스템은 고객이 온라인에서 주거 공간을 시각적으로 체험할 수 있게 한다. 최근에는 메타버스 공간 '메타폴리스'로 가상 사무실 임대 서비스도 제공하고 있으며, 이는 코로나19 이후 원격 근무 증가에 부합하는 새로운 시장을 창출하고 있다.

부동산의 운영 관리에는 AI가 건물의 상태를 실시간으로 감지하고, 이상 징후를 조기에 발견하는 데 사용된다. 대표적으로 스마트 빌딩에서는 AI가 IoT(Internet of Things, 사물인터넷) 센서로 수집한 전력 사용량, 온도,

습도 데이터를 분석해 에너지 효율을 자동으로 조정한다.

KT의 빌딩 에너지 관리 시스템(BEMS, Building Energy Management System)은 이러한 기능을 통합적으로 제공한다. AI가 실내외 환경 데이터를 분석해 에너지 절감형 냉난방공조(HVAC) 시스템을 자동 제어하며, 불필요한 에너지 낭비를 줄인다. 이 시스템은 사무용 빌딩, 쇼핑몰, 병원 등 다양한 유형의 건물에 적용되고 있으며, 에너지 비용을 평균 20~30% 절감한 것으로 보고되었다.

현대엘리베이터, LG전자, KT가 공동으로 개발한 AI 기반 로봇 배달 시스템은 스마트 빌딩 내에서 물류를 자동화한다. 사용자는 모바일 앱으로 로봇을 호출하고, 로봇은 엘리베이터와 연동되어 지정된 층에 물건을 전달한다. 이 시스템은 고층 건물, 병원, 호텔 등에서 활용도가 높으며, 비대면 서비스 강화 측면에서도 긍정적 평가를 받고 있다. 부산 에코델타는 수변도시로 조성된 친환경 스마트시티로, AI와 로봇 기술이 결합되어 있다. 물 순환 시스템, 폐기물 처리, 에너지 관리에 AI가 적용되며, 주거지와 산업단지에 모두 스마트 인프라가 도입된다. 또한 공공 서비스 영역에서는 로봇을 활용한 우편물

배송, 공공 순찰, 민원 응대 등 다양한 AI 기반 서비스가 시범 운영되고 있다.

기술 통합과 기존 시스템의 병목

건설 및 부동산 산업은 전통적으로 아날로그 중심의 운영 방식을 유지해 왔다. 캐드(CAD) 도면, 문서 기반 프로젝트 관리, 현장 중심의 의사 결정은 디지털 전환이 더디게 진행되어 온 원인 중 하나다. AI 시스템은 일반적으로 클라우드 기반의 API(Application Program Interface), 대용량 데이터, 자동화 알고리즘이 필요하기 때문에 기존의 폐쇄적 구조와 충돌하는 경우가 많다.

예를 들어, 건설 현장에서 사용하는 공정 관리 소프트웨어(PMIS, Project Management Information System)와 AI 기반의 설계 최적화 시스템 간의 연동이 불가능한 경우, 중복 입력이나 수작업 분석이 필요하다. 이러한 단절은 시스템 효율성을 떨어뜨리고, AI 도입의 경제적 유인을 약화한다. 따라서 호환 가능한 데이터 표준 마련과 API 기반 연동 구조 설계가 우선적으로 요구된다.

데이터 프라이버시와 알고리즘 투명성

AI의 성능은 데이터 품질과 양에 크게 의존한다. 그러나 부동산 산업에서는 개인정보, 위치 정보, 주거 이력, 건물 내 활동 데이터 등 민감한 정보가 빈번히 활용된다. 스마트 빌딩의 경우, 입주자의 이동 동선이나 생활 패턴이 AI에 의해 분석되고 활용될 수 있다. 이는 프라이버시 침해 소지가 있으며, 명확한 법적 장치 없이는 사회적 반발을 야기할 수 있다.

또한 AI가 의사 결정을 자동화하는 과정에서 '왜 그런 판단을 했는가'에 대한 설명 가능성(Explainability)이 떨어지는 문제가 있다. 예를 들어, AI가 특정 지역의 개발 우선순위를 정하거나, 고객의 매물을 자동 추천할 때, 그 판단 근거가 불투명하다면 소비자와 개발자 모두에게 신뢰를 잃게 된다. 따라서 알고리즘의 투명성과 설명 가능성 확보를 위한 제도적 가이드라인이 필요하다.

앞으로의 부동산 개발 변화

기존의 스마트시티는 정보통신기술(ICT)을 도시 인프라에 통합하는 수준에 머물렀으나, 향후에는 AI가 주도적으로 의사 결정을 내리는 '자율 운영형 도시'로 진화할 것이다. 예를 들어, 교통 신호 체계는 과거 통계 기반이 아닌, 실시간 유동 인구와 차량 흐름을 예측한 AI 제어 시스템이 주도하며, 폐기물 수거, 배수 계획, 재난 대응 등도 AI가 주도하는 방향으로 전환된다.

세종 스마트시티는 디지털 트윈을 기반으로 한 시뮬레이션 환경에서 도시 전반의 기능을 통합적으로 운영하고 있으며, 향후 AI가 인간 개입 없이 도시 운영을 실현할 수 있는 기반으로 기능할 수 있다. AI는 부동산을 단순한 공간 공급만이 아닌, 지속적으로 서비스되는 공간 상품으로 전환할 것이다. 부동산이 하드웨어 중심 자산에서, 클라우드 기반의 운영 시스템이 탑재된 소프트웨어-서비스로 진화함을 의미한다.

이러한 전환은 부동산 개발사의 역할도 변화시킨다. 과거 단순 시공사였던 기업들이 이제는 '공간 운영 플랫폼'을 제공하는 서비스 공급자로 진화하고 있다. 예를 들어, 건물을 지은 후에도 입주자 행동 데이터, 에너지 사용량, 공간 활용도 등을 분석해 지속적으로 최적의 서비스를 제공하게 된다. 한국은 ICT 인프라, 공공 데이터의 개방성, 도시 계획의 통합성 측면에서, AI 기반 부동산 개발의 높은 성장 가능성이 있다. 세종 스마트시티, 부산 에코델타시티, 송도 국제도시 등은 세계 시장에 한국형 스마트시티 모델을 수출할 시범 사례다. 특히 도시 운영 자동화, 로봇 기반 서비스, 자율주행 연동 인프라 등의 기술은 글로벌 경쟁력을 갖춘 영역으로 평가받는다.

향후 한국은 아시아, 중동, 동남아시아 등의 신흥 스마트시티 개발 시장에 AI 기반 부동산 운영 기술을 수출할 조건을 갖추고 있으며, 건설, 통신, 플랫폼 기업 간의 융합 모델이 이를 뒷받침할 수 있다.

AI 시대의 부동산 개발 변화

AI는 부동산 개발의 기획, 시공, 관리, 운영 등 전 단계를 획기적으로 변화시키고 있다. 특히 한국은 공공과 민간의 기술 협력, 스마트시티 실증 프로젝트, 프롭테크 기업의 성장 등으로 아시아권에서 가장 빠르게 AI 기반 부동산 시스템을 도입하고 있다.

그러나 이와 동시에 데이터 프라이버시, 기술 통합, 전문 인력 부족 등의 과제는 여전히 존재한다. 기술의 도입 그 자체보다 중요한 것은, 그 기술이 사회적 가치를 창출하고 실질적 효용을 제공할 수 있도록 설계되는 방식이다. 미래의 부동산은 물리적 공간이 아니라 AI가 지속적으로 운영하고 최적화하는 '디지털 운영 시스템'의 공간이 될 것이다.

참고문헌

매일경제(2025.1.10). AI가 알려주는 부동산 시세 서비스.

https://www.mk.co.kr/news/realestate/11214499

매일일보(2020.7.28). KT, AI로 건물 관리 '한눈에'…스마트빌딩 서비스 출시.
https://www.m-i.kr/news/articleView.html?idxno=733153

서울특별시(2022.2.17). 민간 건축공사장 위험상황 AI가 실시간 관제… 50개소 시범사업.
https://smartcity.go.kr/2022/02/17/%EC%84%9C%EC%9A%B8%EC%8B%9C-%EB%AF%BC%EA%B0%84-%EA%B1%B4%EC%B6%95%EA%B3%B5%EC%82%AC%EC%9E%A5-%EC%9C%84%ED%97%98%EC%83%81%ED%99%A9-ai%EA%B0%80-%EC%8B%A4%EC%8B%9C%EA%B0%84-%EA%B4%80%EC%A0%9C-5/

스마트시티코리아(2022.6.26). 세종시, 승강기 안전에 인공지능을 입히다.
https://smartcity.go.kr/2022/06/26/%EC%84%B8%EC%A2%85%EC%8B%9C-%EC%8A%B9%EA%B0%95%EA%B8%B0-%EC%95%88%EC%A0%84%EC%97%90-%EC%9D%B8%EA%B3%B5%EC%A7%80%EB%8A%A5%EC%9D%84-%EC%9E%85%ED%9E%88%EB%8B%A4/

스마트시티코리아(2022.5.31). 세종 스마트시티, 스팟 로봇 순찰.
https://smartcity.go.kr/2022/05/31/%EC%84%B8%EC%A2%85-%EC%8A%A4%EB%A7%88%ED%8A%B8%EC%8B%9C%ED%8B%B0-%EC%8A%A4%ED%8C%9F-%EB%A1%9C%EB%B4%87-%EC%88%9C%EC%B0%B0/

스마트시티코리아(2022.3.23). 세종시, 인공지능 드론 상용화 앞당긴다.
https://smartcity.go.kr/2022/03/23/%EC%84%B8%EC%A2%85%EC%8B%9C-%EC%9D%B8%EA%B3%B5%EC%A7%80%EB%8A%A5-%EB%93%9C%EB%A1%A0-%EC%

83%81%EC%9A%A9%ED%99%94-%EC%95%9E%EB%8B%B9%EA%B8%B4%EB%8B%A4/

연합뉴스(2023.3.29). 직방, 부동산 전문가 AI 빅데이터 솔루션 '직방RED' 정식 출시. https://www.yna.co.kr/view/AKR20230329145100017

정재승(2019). 《세종 스마트시티 국가시범도시 백서》,세종 스마트시티 국가시범도시 총괄계획가와 총괄계획단

현대엔지니어링(2023.8.30). 플랜트/건설 특화 '대화형 AI' 개발. https://www.hyundai.co.kr/news/CONT0000000000107763

07
AI와 부동산 가치 평가

AI와 빅데이터 기술의 발전으로 가장 급격한 변화를 겪는 부동산 산업은 가치 평가 업종이다. AVM은 데이터를 기반으로 부동산 가치를 빠르게 추정할 수 있는 기술로, 전통적인 감정 평가의 한계를 극복하며 실거래 기반 시세 산정의 새로운 기준이 되고 있다.

AI와 윤동주?

자동가치평가모델의 정의와 개요

부동산 가치 평가는 거래, 담보 대출, 세무 평가, 투자 분석, 도시 계획 등 다양한 분야에서 필수도구로 활용되어 왔다. 전통적인 방식은 감정평가사가 현장을 방문하고 유사 거래 사례를 분석해 가격을 추정하는 방식이었다. 이는 고비용 구조와 더불어 평가자의 주관이 개입될 가능성이 높아 일관성과 확장성에 한계가 있다. 이러한 문제를 해결하고자 1990년대 후반부터 자동가치평가모델(AVM, Automated Valuation Model)이 도입되었으며, 최근에는 AI와 머신러닝(ML, Machine Learing)의 비약적 발전과 함께 기술적 정밀성이 획기적으로 향상되었다.

AVM은 통계적, 알고리즘적 기법을 활용해 부동산의 다양한 속성 정보(건물 유형, 면적, 위치, 연식 등), 시장 데이터(거래 이력, 지역 내 가격 추세 등), 외부 변수(교통 접근성, 교육기관 밀도, 범죄율 등)를 결합해 부동산 가치를 예측하는 시스템이다. 이러한 모델은 평가의 일관성, 속도, 확장성, 비용 효율성 면에서 전통 방식에 비해 높은 경쟁력을 가진다.

AVM의 기술적 구조와 알고리즘

AI 기반 AVM은 단순한 회귀분석 수준을 넘어 고차원의 기계학습 모델로 진화해 왔다. 현재 AVM에 사용되는 기술은 고전적인 통계 기법과 최신 머신러닝 기법을 아우르며, 다양한 형태의 정형 및 비정형 데이터를 종합적으로 활용한다.

우선 전통적 AVM은 선형회귀모형을 기반으로 하며, 변수 간 선형 관계를 전제로 하기 때문에 변수 간 상호작용이나 비선형 패턴을 충분히 반영하지 못하는 한계를 지닌다. 그러나 머신러닝 기반의 AVM은 이러한 한계를 극복하며 데이터로부터 자동으로 복잡한 패턴을 학습하고 고차원 구조를 반영한다는 점에서 큰 발전을 보여 주고 있다.

예를 들어, 랜덤 포레스트(Random Forest)는 다수의 결정 트리를 앙상블 방식으로 결합해 강건한 예측력을 확보하는 모델로, 과적합을 방지하면서도 다양한 변수 간의 비선형 관계를 정교하게 포착하는 특징이 있다. XG부스트(XGBoost)와 라이트GBM(LightGBM)은 부스팅 계열 알고리즘으로, 적은 데이터 손실로도 빠른 학습이 가능하며, 고차원 변수 공간에서도 안정적인 예측 성능을 유지할 수 있다. 미국의 대표적 프롭테크 기업인 질로(Zillow)가 적용한 신경망 기반 딥러닝 모델은 이미지, 텍스트, 위치 정보를 동시에 처리해 복합적인 데이터 환경에서도 높은 정밀도를 보여 준다. 이외에도 자연어처리(NLP, Natural Language Processing) 기법은 부동산 설명문에서 핵심 정보를 추출하고, 컴퓨터비전(CV) 기술은 외관 이미지에서 건물 상태나 마감재 정보를 정량화하는 데에 활용되고 있다.

한국의 AVM 적용 사례

한국의 부동산 시장은 최근 5년간 빠른 디지털 전환을 경험하고 있으며, 자동가치평가모델(AVM)은 이 과정에서 중심 역할을 하고 있다. 특히 프롭테크(PropTech) 스타트업들은 AVM 기술을 활용해 부동산 정보의 비대칭 문제를 해결하고, 소비자에게 투명하고 신속한 의사 결정 도구를 제공하는 다양한 서비스를 출시하고 있다. 이들 기업은 AI 기반 알고리즘, 빅데이터 분석, 위치 정보 기반 서비스, 설명 가능 AI 기술 등을 적극 도입하면서 기존 감정평가 방식의 한계를 보완하는 방향으로 기술을 발전시키고 있다.

대표 사례로 밸류맵(ValueMap)은 2015년 서울에 설립된 이후, 국내 최대 규모의 토지 및 건물 정보 플랫폼을 구축하며 시장에서 두각을 나타내고 있다. 이 회사는 토지의 형태, 거래 패턴, 시계열 가격 추이 등 복합적인 데이터를 통합 분석해 인간 감정과 유사한 구조의 AVM 알고리즘을 개발하고 있으며, AI 기반 토지 평가 시스템의 상용화를 추진 중이다. O2O(Online to Offline) 기반으로 사용자 친화적인 모바일 앱으로 서비스를 제공하며, 시리즈 A 기준 740억 원 이상의 누적 투자 유치를 달성한 바 있다.

태평양감정평가법인은 국내 감정평가 업계에서 최초로 웹 기반 AVM 서비스를 도입한 기관으로, 2021년 랜드바이저(Landvisor)라는 플랫폼을 출시했다. 이 플랫폼은 P-AVM(Pacific Automated Valuation Model)이라는 자체 알고리즘을 기반으로 연간 350만 건 이상의 실거래 데이터를 분석하며, 전국 모든 지역을 커버한다는 점에서 범용성이 높다. 특히 비도시 지역이나 데이터가 부족한 영역에서는 탁상 감정(Desk appraisal)을 병행하거나 요청할 수 있는 옵션을 제공해 실무적 유연성을 확보하고 있다. 해당 서비스는 현재 다양한 공공기관 및 민간 플랫폼과 연계되어 있으며, 기술 기반 감정평가의 제도화 가능성을 실험하는 중요한 사례로 평가받고 있다.

빅밸류(BigValue)는 AI 기반 주택 시세 산정 시스템을 국내 최초로 상용화한 기업으로, 금융기관에서의 실사용 사례가 특히 많다. 빅밸류의 플랫폼은 은행권 담보대출 심사 기준에 직접 활용될 수 있도록 설계되어 있으며, 부동산 담보의 신속한 평가가 필요한 P2P(Peer-to-Peer) 금융, 디지털 모기지, 대출 플랫폼 등에서 활용되고 있다. 다만 이 회사는 2021년 감정평가사협회와 법적 해석 갈등을 겪기도 하였는데, 이는 AVM이 제도권 내에서 어느 수준까지 법적 효력을 가질 수 있는지에 대한 사회적 논의의 계기를 제공했다.

공감랩(Gonggam Lab)이 운영하는 '하우스머치'는 아파트, 오피스텔, 다세대주택 등 다양한 유형의 주거용 부동산에 대한 AVM 시세 정보를 매월 단위로 제공하는 플랫폼이다. 특히 '호 단위' 정보 제공이 가능해 국내 AVM 시스템 중에서도 가장 세분화된 단위의 시세 분석을 제공하는 모델로 꼽힌다. 이는 향후 마이크로 입지 분석과 미세 단위 가격 변동 탐색이 필요한 B2C(Business to Consumer) 사용자들에게 유용한 데이터 기반을 제공할 수 있다는 점에서 기술적 및 시장적 가치가 크다.

랜드북(Landbook)은 부동산 개발 가치 예측에 초점을 둔 AVM 특화 플랫폼을 운영 중이다. 이 기업은 토지 및 건물의 개발 가능성, 법적 규제 여부, 주변 시세 등 다양한 정보를 통합해 부동산 프로젝트의 경제성을 분석한다. 카이스트(KAIST) 창업원 자료에 따르면 AI 기반 건축설계 엔진과 통합된 서비스 모델을 구축하고 있다. 이는 향후 스마트시티 개발, 도심 재생 프로젝트 등과 연계가 가능한 구조로 설계되어 있어, 정책적 적용 가능성 측면에서도 주목할 만하다.

소비자 접근성을 강조하는 서비스로는 데이터노우즈의 리치고(RichGo)가 주목할 만하다. 이 애플리케이션은 수도권 아파트에 대한 다양한 입지 요소를 계량화해 '동네 점수'를 제공하며, 이를 기반으로 향후 1~4년간의 가격 상승 가능성을 예측한다. 사용자 친화적인 UI(사용자 인터페이스)/UX(사용자 경험) 설계로 일반 소비자도 쉽게 정보를 확인하고 활용할 수 있도록 구성되었으며, 부동산 투자 판단을 지원하는 도구로 점차 확산되고 있다.

이처럼 한국의 AVM 기술은 다양한 기업의 기술적 시도와 사업화 전략으로 고도화되고 있으며, 기술의 정교화뿐 아니라 사용자 중심의 인터페이스 개선, 공공 데이터와의 연계, 설명 가능한 AI 기술의 통합 등 다방면에서 발전을 거듭하고 있다. 그러나 여전히 지역 간 데이터 격차, 과거 데이터 기반 예측의 편향성, 제도적 갈등 등 해결해야 할 과제가 존재하며, AVM의 전면적 제도화 및 활용 확대를 위해서는 민간의 기술 개발뿐 아니라 정부의 데이터 정책과 공공 인프라와의 연계가 중요하게 작용할 것이다.

글로벌 AVM 사례와 기술 구현

세계 각국에서는 AVM의 활용이 금융, 부동산, 공공 부문 전반에 걸쳐 확산되고 있으며, 그 중심에는 미국, 영국, 캐나다, 호주와 같은 기술 선도국이 자리하고 있다. 이들 국가는 이미 2000년대 초반부터 AVM을 실거래 기반 부동산 가치 평가 시스템으로 도입해 왔으며, 최근에는 딥러닝, 자연어처리, 컴퓨터 비전과 같은 첨단 AI 기술이 결합되어 평가의 정확도를 높임과 동시에 적용 범위를 확장하고 있다.

미국에서 AVM의 대표 주자는 질로 그룹(Zillow Group)의 제스티메이트(Zestimate)다. 2006년 출시된 제스티메이트는 공개된 공공 데이터(Public Records), MLS(Multiple Listing Service), 사용자 제공 데이터, 주변 거래 정보 등을 통합해 실시간으로 주택 가치를 산정하는 시스템이다. 이 시스템은 약 1억400만 가구에 대해 지속적으로 가치를 업데이트하고 있으며, 이는 미국 전체 주택의 약 71%에 해당한다.

제스티메이트는 딥뉴럴네트워크(Deep Neural Network)를 적용해 지역 특성, 건축 연도, 면적, 건물 유형, 리모델링 이력, 위성 이미지, 인구 통계, 학군 수준 등 수백 개의 변수를 고려한다. 2019년부터 컴퓨터 비전 모델을 도입해 내부 사진을 통한 품질 추정을 반영하고 있으며, 최근에는 자연어처리(NLP)로 사용자의 리뷰나 중개인이 올린 설명의 문맥적 의미를 분석해 정성 정보를 정량화하는 시도도 병행하고 있다.

그러나 제스티메이트도 정확도 논란에서 피할 수는 없었다. 공식 발표에 따르면, 시장에 매물로 나와 있는 주택의 중간값 오차율(Median Error Rate)은 약 2.4% 수준이지만, 비시장 매물의 경우에는 7.49%로 상승한다. 이러한 예측 오차는 2021년 질로가 직접 주택을 매입해 판매하는 'Zillow Offers' 사업에서 치명적 영향을 미치기도 했다. 이 프로그램은 제스티메이트에 기반을 두고 매입가를 산정했지만, 팬데믹 기간 중 예외적 시장 조건을 반영하지 못해 약 4억2200만 달러의 손실을 기록하고 사업을 종료했다. 이 사례는 AVM의 활용이 부동산 거래 자동화를 가능케 하는 한편, 시장 상황 변화에 따라 심각한 리스크 요인이 될 수 있다는 점을 단적으로 보여 준다.

또한 미국 내 일부 부동산 중개인은 제스티메이트의 평가 결과가 가격 협상의 기준선으로 오용되며 실거래 과정에서 갈등을 유발한다고 지적하고 있다. 이는 AVM이 대중화될수록, 그 결과에 대한 신뢰성과 설명 가능성, 그리고 사용자의 이해도 확보가 더욱 중요하다는 점을 방증한다.

영국에서는 홈트랙(Hometrack)이 AVM 시장의 핵심 사업자로 자리 잡고 있다. 이 기업은 2002년부터 대형 모기지 금융기관과 협력하며 AVM 기반 가치 평가 시스템을 구축해 왔으며, 현재는 주플라(Zoopla) 그룹의 일부로 통합되었다. 현재는 소비자 대상 부동산 검색 및 시세 제공 기능까지 제공하고 있다.

홈트랙은 연간 300만 건 이상의 자동 평가를 수행하며, 영국 상위 20개 금융기관 중 18개사가 이를 신용 대출 판단의 핵심 요소로 활용하고 있다. 이 시스템은 주택 유형, 지역별 지가 추세, 법정 감정가, 세금 정보 등 다변량 정보를 조합해 평가하며, 전체 평가의 약 80%가 감정사의 실제 평가 결과와 ±10% 이내로 일치하는 것으로 보고되었다. 이러한 정확성은 홈트랙이 선도적 시장 점유율을 유지할 수 있는 기반이 되었다. 또한 홈트랙은 평가 결과로 모기지 신청 시 승인 가능성까지 예측하는 모듈을 제공해, 대출 승인 프로세스의 자동화와 리스크 관리 효율화를 동시에 추구하고 있다.

캐나다에서는 테라넷(Teranet)과 하우스시그마(HouseSigma)와 같은 기업들이 MLS 기반의 거래 데이터와 AI 알고리즘을 결합해 AVM을 구현하고 있다. 이들 플랫폼은 주로 부동산 중개인과 금융기관을 대상으로 맞춤형 가치 추정 서비스를 제공하며, 특히 캐나다 통계청과의 협력으로 정제된 공공 데이터를 안정적으로 확보하고 있는 점이 강점으로 작용한다.

호주는 코어로직(CoreLogic)이 중심이 되어 AVM을 발전시켜 왔으며, 지역별 데이터 격차를 보완하기 위해 위성 이미지, 드론 촬영 데이터, 기상 정보 등을 활용하는 모델도 실험 중이다. 이처럼 비정형 데이터를 활용한 보완적 기법은 데이터 불균형이 심한 지역에서 AVM의 유효성을 높이는 데 기여하고 있다.

중동 지역에서는 두바이 정부가 2024년부터 얄라밸류(YallaValue)라는 AVM 시스템을 공식 채택하며 공공서비스에 이를 통합하고 있다. 이 모델은 정부 부처 간 데이터 공유 시스템인 거브클라우드(GovCloud)를 기반으로 하며, 국토청 및 주택청에서 세금 평가와 정책 기획에 활용되고 있다. 이는 공공 부문 중심의 AVM 도입이 데이터 접근성과 투명성 향상에 크게 기여할 수 있다는 점을 보여 주는 사례로 평가된다.

AI 기반의 자동가치평가모델(AVM)은 전통적인 감정 방식의 구조적 한계를 보완하고, 부동산 가치 평가의 패러다임을 전환하는 핵심 기술로 자리매김하고 있다. 특히 금융 기관, 정책 당국, 일반 소비자 모두에게 다양한 혜택을 제공하면서, 부동산 시장의 투명성과 효율성 제고에 기여하고 있다. 그러나 AVM은 데이터 의존성, 알고리즘 편향, 규제 미비 등의 구조적 한계도 내포하고 있어, 향후 기술 발전과 정책 설계에서 이를 보완하기 위한 다층적 접근이 요구된다.

AVM 기술의 장점과 한계

AVM의 가장 두드러진 장점은 평가 속도에 있다. 기존의 오프라인 감정평가 방식은 현장 조사, 유사 사례 비교, 평가서 작성 등 복수의 절차를 필요로 하며 수일에서 수주 단위의 시간이 소요된다. 반면 AVM은 실시간 또는 수초 내에 결과를 제공할 수 있으며, 이는 대규모 자산 포트폴리오의 일괄 평가나 온라인 대출 승인 프로세스에서 혁신적 효율성을 제공한다. 실제로 미국의 클리어

캐피털(Clear Capital)은 자사 AVM으로 기존 3일 소요되던 평가를 30초 만에 제공 가능하다고 밝히고 있다.

일반적으로 감정평가사는 건당 평가 수수료가 상당하며, 프로젝트 규모가 커질수록 고정비 부담이 상승한다. AVM은 초기 모델 구축 이후 단위당 평가 비용이 거의 제로에 수렴하며, 수십만 건의 부동산을 병렬적으로 처리할 수 있는 확장성을 지닌다. 이는 특히 기관투자자, 리츠(REITs), 대출 플랫폼 등에서 대규모 거래를 동시다발적으로 처리할 수 있게 해 주며, 금융 상품의 다양화와 신속한 투자 의사 결정을 가능하게 한다.

전통적 감정평가는 평가자의 경험, 성향, 판단 기준 등에 따라 동일 자산에 대해 평가 결과가 상이하게 도출될 수 있다. 반면 AVM은 동일한 입력값과 알고리즘 조건하에 언제나 동일한 결과를 제공해 평가의 일관성과 재현성을 담보한다. 이는 금융기관의 리스크 평가, 공공기관의 과세 기준 설정, 소비자의 비교 선택 등에 객관적 기준선을 제공한다.

AVM은 정형 데이터(거래 이력, 면적, 층수 등)뿐 아니라 비정형 데이터(사진, 텍스트, 지도 정보, 센서 데이터 등)까지 분석해, 이를 통한 평가 정밀도를 높일 수 있다. 예컨대 컴퓨터 비전(CV)은 외관 사진을 분석해 주택의 상태나 리모델링 여부를 평가하고, 자연어처리(NLP)는 리스팅 문구에서 특이 사항을 추출해 가격에 반영할 수 있다. 이처럼 다양한 AI 기술과 연계가 가능하다는 점에서 AVM은 단순한 수치 예측 도구를 넘어, 종합적인 가치 판단 인프라로 진화하고 있다.

기술적 한계와 구조적 과제

AVM의 성능은 기본적으로 입력 데이터의 질과 양에 절대적으로 의존한다. 특히 거래 빈도가 낮거나 데이터 공개 수준이 낮은 지역(농어촌, 군사보호구역 등)의 경우, 충분한 학습이 이루어지지 않아 예측 오차가 급증할 수 있다. 한국의 경우에도 수도권과 비수도권 간 거래 이력의 편차가 크며, 신축 아파트 대비 단독주택, 연립주택 등 비표준형 주거 형태에 대한 데이터는 구조적으로 부족하다.

AVM이 과거 거래 데이터를 중심으로 학습하는 구조를 가질 경우, 해당 모델은 시장 내 존재하던 지역별, 사회경제적 불평등을 그대로 반영하거나 심화할 수 있다. 미국 브루킹스(Brookings) 연구소는 저소득층 밀집 지역에서 AVM의 예측 정확도가 낮으며, 이는 금융 소외를 심화하는 결과로 연결될 수 있음을 경고한 바 있다. 알고리즘은 인간의 판단을 자동화하지만, 데이터 속 편향이 교정되지 않는 한 '기계적 불공정성(mechanized inequity)'으로 이어질 수 있다.

여전히 많은 국가에서 AVM은 감정평가의 보조적 수단으로만 인정되며, 법적 효력을 제한적으로 갖는다. 한국에서도 AVM이 제공하는 시세 정보는 참고 자료로 분류되며, 공공기관이나 법원 감정평가 시에는 법정 감정사가 작성한 평가서만을 인정하는 한계가 있다. 이와 같은 이원적 구조는 기술의 활용 가능성을 제약하며, 감정평가 업계와의 제도적 갈등을 유발하는 원인이 되기도 한다.

딥러닝 기반 모델은 높은 예측력을 제공하는 반면, 일반 사용자나 금융 규제 당국이 이해하거나 검증하기 어려운 '블랙박스 모델'의 특성을 지닌다. 이는 특히 금융 의사 결정이나 과세 기준에 사용될 경우, 결과에 대한 책임 소재와 정당성 확보에 문제가 발생할 수 있다. 설명 가능한 AI의 도입이 시급히 요구되는 지점이 바로 여기에 있다.

AVM의 제도적 통합 가능성

AI 기반 자동가치평가모델(AVM)의 활용이 확대됨에 따라 기술의 정교성과 실용성뿐 아니라 법적, 정책적 수용 기반의 구축이 중요한 과제로 부상하고 있다. AVM이 제공하는 평가 결과가 실제 부동산 시장 참여자들의 의사결정, 금융기관의 대출 심사, 정부의 조세 정책 등에 직·간접적으로 영향을 미치기 위해서는 제도권 내에서의 공식적 인정과 규율 체계가 수반되어야 한다. 이러한 제도적 통합은 AVM 기술의 활용 범위를 단순한 보조 도구에서 핵심 인프라로 격상하는 데 핵심적 역할을 한다.

전통적인 감정평가 제도는 자격을 갖춘 평가사가 법령에 따라 평가서를 작성하고, 해당 문서가 공적 효력을 가지는 방식으로 운영되어 왔다. 한국은 「감정평가및감정평가사에관한법률」에 따라 감정평가법인은 일정 자격을 갖춘 감정평가사를 통해서만 법적 효력을 갖는 평가서를 발급할 수 있으며, 이는 담보대출, 세금 부과, 공공사업 보상 등 다양한 분야에 직접 활용된다. 반면 AVM은 전산 알고리즘에 따라 자동으로 산출된 가치 정보를 제공하지만, 현행 제도에서는 감정평가법상 '공식적 평가'로 인정되지 않는다. 이에 따라 AVM은 실거래가 분석, 참고 시세 제공, 사전 투자 검토 등의 목적으로 활용되며, 법적 판단의 직접 근거로 사용되기에는 제한이 있다. 이와 같은 제도적 이원성은 기술 발전과 제도 변화

간의 비대칭성을 보여 주는 전형적인 사례다. 실제로 한국감정평가사협회와 일부 프롭테크 기업 간에는 AVM의 법적 활용 가능성과 감정평가 시장에 미칠 파장에 대해 의견 차이가 존재하며, 이는 향후 제도 개편 과정에서 중요 쟁점으로 작용할 수 있다.

한국의 공적 부동산 가격 결정 체계는 「부동산가격공시및감정평가에관한법률」에 따라 '표준지공시지가', '개별공시지가', '공동주택 공시가격', '단독주택 공시가격' 등으로 구성된다. 이들 지표는 국토교통부와 지방자치단체가 주도해 매년 산정하며, 세금 부과 및 행정 판단의 기준으로 활용된다.

현재 이들 공시가격은 주로 현장 조사와 평가사 분석을 기반으로 수작업 방식으로 산정되고 있으나, 이러한 방식은 인력 · 시간 비용이 많이 들고 평가의 일관성을 유지하기 어렵다는 비판이 존재한다. 이와 같은 한계를 해소하기 위해 정부는 2020년부터 공시제도 개편을 추진하고 있으며, AI 기반 평가 모델의 도입 가능성도 일부 연구 과제로 언급되고 있다.

예를 들어, 2021년 국토연구원에서는 머신러닝 기반의 공동주택 시세 추정 모델을 시범 구축해, 공시가격 현실화 로드맵의 일환으로 AVM의 활용 가능성을 검토했다. 이러한 시도는 향후 공공 영역에서 AVM을 정식 도입하는 것으로 연결될 수 있으며, 특히 고정밀 데이터를 기반으로 한 '참고 시세'와 '공시가격'의 연계가 제도화하면 AVM은 국가 기반 정보 체계의 핵심 요소로 부상할 수 있다.

금융기관의 대출 평가 시스템과의 연계

은행 등 금융기관은 담보 대출 심사 과정에서 AVM을 보조 도구로 점차 활용하고 있다. 주택금융공사, 국민은행, 신한은행 등은 AVM 기반 내부 시세 산정 모델을 도입하고 있으며, 한국은행과 금융감독원도 리스크 관리 차원에서 활용 확대를 검토 중이다. 이러한 흐름은 AVM이 대출 심사의 신속성과 객관성을 높여 리스크 기반 심사 체계에 기여할 수 있음을 보여 준다. 다만 AVM이 감정평가를 대체하려면 법적 승인과 정확도 검증이 전제되어야 하며, 제도적 신뢰 확보가 향후 디지털 모기지 확대의 핵심 과제가 된다.

AVM의 제도화에는 알고리즘의 설명 가능성과 법적 표준화가 필수다. 유럽연합은 AI법(AI-Act)으로 고위험 AI 모델에 투명성과 검증 의무를 부과하고 있으며, 미국·영국도 AVM의 독립 감사 및 검증 절차 마련을 추진 중이다. 한국 역시 AVM의 책임성과 해석 가능성을 높이기 위해 KISA(한국인터넷진흥원)와 국토부 산하 기관이 윤리적 설계 기준과 검증 체계를 공동 연구하고 있다.

기술적으로 AVM은 단순 회귀모형에서 고차원 AI 모델로 진화하고 있다. 트리 기반 모델을 넘어 시계열 딥러닝, 강화학습, 그래프신경망(GNN, Graph neural network) 등이 도입되며, 가격 전이 효과나 지역 간 상호작용 등 공간적 특성이 정밀하게 반영되고 있다. 또한 실시간 교통, 공기질, 범죄율 등 외부 요인과 스마트홈 데이터를 연동한 정교한 예측이 가능해지고 있다.

미래의 AVM은 정적 예측 도구에서 ESG 기준을 포함한 질적 가치 평가 도구로 확장될 전망이다. 에너지 효율, 탄소배출량, 녹색건축 인증 등은 AVM 입력값에 포함되며, 유럽의 사례처럼 공공 데이터와의 연계도 강화되고 있다. 이러한 변화는 한국의 탄소중립 정책과도 맞물려 AVM의 정책적 활용 가능성을 높이고 있다.

AVM의 한계를 보완하기 위한 하이브리드 평가 모델도 주목받고 있다. 이는 AVM의 정량적 분석 결과에 전문가의 직관과 해석을 결합한 방식으로, 이미 국내외에서 시범적으로 운영되고 있으며, 향후 공공·금융 분야의 평가 체계로 확산될 가능성이 높다.

AVM과 부동산 시장 변화

AVM은 전통적인 부동산 평가 체계를 혁신적으로 재편하며, 부동산 산업의 디지털 전환을 선도하는 핵심 기술로 부상하고 있다. 향후 AVM은 단순한 자동화 기술이 아니라, 공정하고 투명한 평가 체계를 제공하는 '디지털 신뢰 인프라'로 기능할 수 있다. 이를 위해 높은 예측 정확도뿐 아니라, 결과에 대한 설명 가능성, 알고리즘의 투명성, 데이터 출처의 정합성 확보가 전제되어야 한다. 설명 가능한 AI, 윤리적 알고리즘 설계, 공공 데이터의 품질 제고는 필수적 과제로 남는다.

참고문헌

매일경제(2020.10.14). 태평양감정평가법인, 온라인 시세추정 '랜드바이저' 출시.
https://www.mk.co.kr/news/realestate/9951395

전자신문(2024.10.23). '하우스머치', "AI가 1초만에 '내집가격' 알려준다".
https://www.etnews.com/20241023000137

태평양 감정평가법인 – 랜드북: https://www.landbook.net/

Ascendix Technologies(2024). AI Property Valuation Software: A New Disruption of Real Estate Appraisals?
https://ascendixtech.com/ai-property-valuation-tools-appraisal/

Beale & Co.(2023.5). *Automated Valuation Models – the Future*

of Surveying?
https://beale-law.com/article/automated-valuation-models-the-future-of-surveying/

BigValue: https://www.bigvalue.ai/

Certified Credit(2024.9.24). A Deep Dive into Automated Valuation Models: The Pros, Cons and Impact on the Future of Real Estate Lending. https://www.certifiedcredit.com/automated-valuation-models/

Dataknows(RichGo): https://www.dataknows.ai/

Engler, A., & Brown, S.(2023.10.12). *Governing the ascendancy of automated valuation models. Brookings Institution.* https://www.brookings.edu/articles/governing-the-ascendancy-of-automated-valuation-models/

Hometrack: https://www.hometrack.com/

Investopedia(2025). Automated Valuation Model (AVM): Definition and How It Works. https://www.investopedia.com/terms/a/automated-valuation-model.asp

Seoulz(2024.2.1). Top Real Estate Investment Platforms in Korea to Know. https://www.seoulz.com/top-real-estate-investment-platforms-in-korea-to-know/

ValueMap: https://www.valueupmap.com/

Zillow – Zestimate: https://www.zillow.com/z/zestimate/

08
AI와 부동산 투자

AI의 등장으로 부동산 투자 방식이 빠르게 변하고 있다. 과거에는 현장 경험과 직관에 의존했던 투자자들이 이제는 방대한 데이터를 기반으로 시장을 분석하고, 정교한 예측과 시뮬레이션으로 의사 결정을 내릴 수 있다. AI가 부동산 투자 구조를 어떻게 재편하고 있는지 살펴보고 기회 식별, 가치 평가, 리스크 분석, 포트폴리오 전략 등 다양한 측면에서 AI가 제공하는 실질적 효용을 조명해 본다.

AI와 한의학?

AI와 부동산 투자 구조의 재편

부동산 투자에서 AI가 본격적으로 도입되기 전까지 투자자들은 정보 수집, 시장 분석, 물건 탐색 등 모든 과정을 수동적으로 수행했다. 이 과정은 많은 시간과 노력을 요구하며, 특히 정보 비대칭성이 크고 시장 변동성이 높은 상황에서는 오류 가능성 또한 매우 높았다. 그러나 AI의 등장으로 방대한 비정형 데이터를 신속하게 분석하고, 투자 기회를 선제적으로 포착하는 것이 가능해졌다. 이러한 기술들은 부동산 투자의 전체 라이프 사이클, 즉 기회 식별, 자산 평가, 투자 판단, 리스크 평가, 포트폴리오 조정 등 전 과정에 응용되고 있으며, 특히 대규모 자산을 운용하는 투자자에게는 실시간성과 정량성을 갖춘 도구로서 핵심 역할을 하고 있다.

부동산 투자 구조의 한계

일반 투자자는 부동산 개발자나 중개업자보다 현저히 적은 정보에 접근할 수 있으며, 이에 따른 불균형으로 발생하는 정보의 비대칭성을 극복하기 어렵다. 또한 부동산 투자 결정은 전문가의 경험과 직관에 의존하며, 체계적이고 일관된 방법론이 부족한 것도 현실이다. 경기 후행적(後行的)이며 주기가 긴 부동산 자산의 특징상 실물

경기의 변동과 시장의 변화에 대해 일반 투자자들은 실시간으로 대응하기 어렵고, 데이터 갱신 주기와 분석의 속도도 전문 투자자들에 비해 부족하며, 이질적 특징을 가지고 있는 부동산 자산의 특징으로 투자하려는 자산 간 정량적 비교가 어렵고, 감정평가에 따른 주관적 오류도 피하기 어렵다. AI는 이러한 구조적 한계를 극복할 수 있는 대안으로 활용될 수 있다. 특히 과거에는 고비용이었던 시장 분석, 입지 평가, 수익률 시뮬레이션 등을 AI 기술이 비교적 저렴하고 정밀하게 수행할 수 있다.

기회의 정의와 탐색 논리

부동산 투자에서 말하는 '기회(Opportunity)'란, 현재 가격 대비 미래 가치가 상승할 가능성이 높은 지역 또는 자산을 의미한다. 이는 단순한 위치 정보나 현재 시세로만 파악하기 어려우며, 인구변화율(순 유입/유출), 지역 내 신규 인프라 계획, 상권 발전도 및 소비 패턴 변화, 임대 수요/공급 지수, 생활 편의 시설의 밀집도 등과 같은 다양한 지표의 복합적인 분석이 필요하다. AI를 활용하면 이들 지표를 대규모로 수집하고, 패턴을 학습해 기회를 조기에 탐색할 수 있다.

투자 분석 플랫폼인 스카이라인 AI는 상업용 부동산

(CRE, Commercial Real Estate) 투자에 특화된 미국 기반 플랫폼으로, 1억 건 이상의 부동산 데이터를 학습한 모델로 투자 기회를 도출한다. 지역 내 유명 체인 입점 여부[예: 홀푸드(Whole Foods), 스타벅스(Starbucks)] 교통량, 통근 패턴, 차량 이동량[우버(Uber), 구글맵스(Google Maps) 자료], 리뷰 및 평판 지수[옐프(Yelp), 구글리뷰(Google Reviews)] 등을 활용해 평균 12개월 선행 지표로써 임대료 상승률과 시장 회복력을 예측할 수 있으며, 펀드 및 리츠(REITs) 운용사와 협업으로 상업용 자산 매입 시점 추천 시스템을 제공하고 있다.

이와 유사한 국내의 투자 분석 플랫폼의 사례인, 리치고는 AI로 일반인이 전문가 수준의 입지 판단을 가능하게 하는 플랫폼으로, 100만 명 이상의 월간 사용자를 보유하고 있다. 서울 및 수도권을 중심으로 전국 주요 아파트 단지에 대해 교통 접근성, 학군, 병원, 마트, 카페, 문화시설 등의 40여 개 요소를 수치화해 점수화한 '지역 가치' 지수를 제공한다. 리치고는 사용자가 지역을 선택하면 자동으로 데이터 기반 '스코어'를 제공하고 최근 3개월 거래량, 실거래가, 전세가율 추이 등을 시각화하거나 '상승 가능성' 지수를 제공해 타이밍 기반 판단을 보조하고 있다.

AI를 활용한 위험도 평가 및 투자 전략 수립

전통적인 부동산 투자 리스크 평가 방식은 주로 과거 데이터를 기반으로 한 회귀분석이나 전문가 판단에 의존했다. 그러나 AI는 시계열 예측, 시나리오 기반 시뮬레이션, 베이지안 네트워크 등의 모델링 기법으로 리스크의 동적 변화를 정량적으로 반영할 수 있다. 특히 딥러닝 기반 시계열 모델(LSTM, GRU)은 코로나19와 같은 외부 충격 이후 지역별 공실률 변동성이나 부동산 가격 하락폭을 조기 감지하는 데 탁월한 성과를 보이고 있다.

예를 들어, 서울시 강서구의 소형 오피스텔 시장은 2021~2023년 사이 과잉 공급과 임대 수요 감소로 공실률이 11%에서 22%로 급증했는데, 직방의 AI 기반 시장 예측모형은 공급 증가율, 인구 추이, 신규 건축허가 면적 등의 선행지표를 학습해 해당 변화를 사전에 예측하기도 했다.

최근에는 기후 위기와 ESG(Environmental, Social and Governance) 요소가 투자 리스크로 부각하면서, AI가 이를 포함한 복합 리스크 평가 모델로 진화하고 있다. 대표적으로 미국 캘리포니아의 AI 스타트업 주피터인텔리전스(Jupiter Intelligence)는 기후 리스크 예측에 AI를 도입해, 부동산의 해수면 상승 위험, 산불 노출도, 폭염

빈도 등을 종합 분석하고 있다. 이러한 기법은 국내에도 도입되고 있는데, 국토교통부와 한국환경공단은 '녹색 건축 인증'과 '에너지 효율 등급' 데이터를 AI 모델에 통합해, 기후변화 취약 지역을 파악하는 데 사용하고 있다. 특히 강원도 동해안 지역은 산불 및 해풍 위험 지역으로 분류되면서, 이에 대한 리스크 할증을 반영한 AI 기반 가치 평가 시뮬레이션 사용 방법론을 검토 중이다.

AI 기반 투자 전략 수립에서 '강화학습(Reinforcement Learning)' 방식을 활용하면 투자자의 행동(매수, 보유, 매도)에 따른 보상(수익률)을 학습해 최적의 의사 결정 경로를 스스로 탐색하는 AI 모형을 구축할 수 있다. 특히 강화학습은 불확실한 환경에서도 최적화 경로를 찾는 데 강점을 보이므로, 부동산 시장의 고유한 비효율성과 불완전성을 극복하는 데 유리하다.

미국의 프롭모도(Propmodo) 연구소는 강화학습을 기반으로 20년치 부동산 데이터를 시뮬레이션한 결과, 인간 투자자의 평균 수익률보다 약 22% 높은 장기 수익률을 기록했다고 보고했다. 이는 AI가 투자 타이밍, 매입 규모, 리스크 회피 전략을 조합해 학습했기 때문이며, 향후 한국 시장에서도 적용 가능성이 크다.

AI 기반 의사 결정은 최근 '디지털 트윈(Digital Twin)'

기술과 결합해 더욱 정교해지고 있다. 디지털 트윈은 실제 도시 공간을 디지털로 복제해, 가상 시뮬레이션을 통한 부동산 가격 변동, 유동 인구 변화, 교통망 확충의 영향을 실시간으로 예측하는 기술이다. 예를 들어, 서울시 스마트도시 플랫폼은 서울 전역의 건축물 데이터를 3D로 시각화하고, 부동산 정책 시나리오별 영향 분석을 AI 기반 시뮬레이션으로 제시하고 있다. 투자자들은 이 플랫폼으로 재건축 규제 완화나 도로 개설 시 특정 구역의 시세 상승 가능성을 사전 분석할 수 있다. 이는 정책 리스크를 고려한 정교한 의사 결정을 가능하게 한다.

포트폴리오 관리: 자산 분산과 가치 극대화 전략

AI는 단순한 포트폴리오 구성 추천을 넘어, 자산 간의 상호작용을 실시간으로 분석해 리밸런싱(Rebalancing) 타이밍을 자동으로 제안할 수 있다. 예를 들어, A구의 중형 아파트와 B구의 오피스텔 간 수익률 스프레드가 5% 이상 벌어지면 B구 매도를 제안하고, C구의 수익형 부동산이 공실률 하락과 함께 수익률이 상승하는 경우 투자 대상을 전환하도록 제안한다. 이러한 방식은 미국 블랙록(BlackRock)의 'AI 포트폴리오 매니저' 모델에도 적용되며, 부동산 투자펀드 운용 시 실시간으로 자산군 간 리스크 할당을 조정하는 데 활용된다. AI 기반 포트폴리오 관리 기능은 B2B 영역뿐만 아니라, 개인 투자자(B2C)를 위한 프롭테크 플랫폼에도 확산되고 있다. 한국의 '디스코(DISCO)'는 공공 데이터, 지자체 고시, 부동산 가격 통계 등을 기반으로 포트폴리오 구성을 시뮬레이션하는 기능을 제공하며, 사용자가 원하는 수익률, 보유 자산 규모, 리스크 성향 등을 입력하면 AI가 최적의 자산군을 추천한다.

알고리즘 투명성과 설명 가능성

AI가 투자 의사 결정을 주도하게 되면, 결정에 대한 '설명 가능성(Explainability)' 문제가 필연적으로 제기된다. 예를 들어, 특정 지역의 부동산을 매수하지 말라는 AI의 판단이 어떤 근거에 의해 도출되었는지 불투명하다면, 투자자 보호에 위협이 될 수 있다. 이를 해결하기 위해 개발된 것이 XAI(eXplainable AI) 기술이다. XAI는 의사 결정에 기여한 주요 변수(거래량 감소, 교통 인프라 부족, 공공기관 이전 가능성 등)를 시각화하거나, 변수별 영향도를 그래프 형태로 제공한다. 이는 사용자의 신뢰를 높이고, AI 모델의 '블랙박스' 문제를 완화하는 데 기여한다.

AI와 부동산 투자의 변화

AI 기반 부동산 투자 플랫폼은 향후 핀테크 기술과 결합해 대출, 보험, 자산 운용까지 통합하는 '부동산 종합 금융 서비스'로 진화할 것으로 전망된다. 예를 들어, 투자자가 부동산 매입을 결정하면 AI가 자동으로 최적의 대출 조건을 추천하고, 필요하다면 부동산 연계 보험까지 자동 설계한다. AI는 단순한 자동화 기술을 넘어, 부동산 투자 전략의 '두뇌'가 되어 가고 있다. 정교한 모델링, 실시간 데이터 통합, 리스크 탐지, 시뮬레이션 기반 최적화 등 모든 과정에 걸쳐 AI는 투자자의 행동을 더 정확하고, 더 빠르게, 더 전략적으로 만들어 주고 있다.

참고문헌

와이즈넛(2021). 《AI 기반 금융회사의 부동산 담보대출 리스크 관리/분석 기술 및 서비스 개발》. 과학기술정보통신부 인공지능융합선도프로젝트사업 보고서. https://scienceon.kisti.re.kr/srch/selectPORSrchReport.do?cn=TRKO202100009110

Built AI.(n.d.); https://www.builtai.co/ (부동산 투자 전문가를 위한 AI 플랫폼)

Cherre(n.d.); https://cherre.com/ (부동산 포트폴리오 분석 및

최적화 플랫폼)

HouseCanary;https://www.housecanary.com/ (AI 기반 주거용 부동산 평가 플랫폼)

JLL(2021.8.11). JLL announces acquisition of proptech company Skyline AI. https://www.jll.com/en/newsroom/jll-announces-acquisition-of-proptech-company-skyline-ai

Seoulz(2024.2.1). 한국의 XAI Land AI 부동산 투자. https://www.seoulz.com/xai-land-incorporates-ai-for-real-estate-investing-in-korea/

Skyline AI; https://www.skyline.ai/ (상업용 부동산 AI 투자 관리 플랫폼)

XAI Land; https://xai.land/ko/ (AI 기반 부동산 평가 플랫폼)

09
AI와 부동산 관리

AI는 부동산 관리의 방식에도 근본적 변화를 가져오고 있다. 데이터 분석과 자동화, 예측 기술을 바탕으로 건물 운영과 임차인 서비스의 혁신으로 자산 가치 상승과 운영 효율성 제고라는 목표를 달성할 수 있다. 부동산 관리의 두 축인 프로퍼티 매니지먼트와 시설 관리 관점에서 AI의 역할을 살펴보고, 주거용과 상업용 측면에서 활용 사례를 소개한다.

AI와 화장품?

부동산 관리의 변화

오늘날 부동산 관리는 더 이상 건물의 물리적 자산을 유지하는 기술적 행위에 머물지 않는다. 자산의 가치를 보존하고 수익성을 극대화하기 위해, 다양한 이해관계자들과의 상호작용, 에너지 효율 관리, 임대 운영 최적화, 공실률 관리 등 다층적이고 복잡한 업무가 요구된다. 이러한 부동산 관리의 복잡성을 해결하기 위해 최근 몇 년 사이 AI가 급속히 도입되고 있으며, 이는 부동산 운영의 전반적인 패러다임을 바꾸고 있다.

AI 기술은 건물 내 센서로 수집된 방대한 데이터를 실시간으로 분석하고, 설비 유지보수, 에너지 절감, 임차인 대응 등의 업무를 자동화하거나 예측할 수 있게 한다. 이러한 기술의 도입은 단순히 비용을 절감하는 데 그치지 않고, 임차인의 만족도를 향상하고, 관리자에게는 전략적인 의사 결정을 가능하게 하는 중요 수단이 되고 있다. 특히 주거용과 상업용 부동산은 그 이용 주체와 목적에 따라 AI 활용 방식이 달라지며, 이에 따른 운영 전략도 각기 다르게 구성된다.

부동산 관리 체계와 AI 기술의 역할

부동산 관리는 본질적으로 복합적인 업무 체계로 구성

되어 있으며, 그 중심에는 자산의 수익성과 기능성을 유지하기 위한 두 개의 관리 축이 존재한다. 첫 번째는 프로퍼티 매니지먼트(PM, Property Management)로 임대계약 체결 및 갱신, 임차인 응대, 임대료 징수, 법률적 준수 사항 관리 등 부동산의 운영 수익을 직간접적으로 결정하는 기능을 담당한다. PM은 특히 임차인과의 관계를 중심으로 운영되며, 공실률을 낮추고 임대료 수익을 안정적으로 유지하는 것을 핵심 목표로 한다.

두 번째는 시설 관리(FM, Facility Management)다. FM은 건물의 물리적 자산, 즉 냉난방 시스템, 전기 설비, 엘리베이터, 보안 시스템 등의 유지보수와 안전 관리를 포함하는 기능으로, 건물의 물리적 성능을 최상으로 유지하고 장기적인 자산 가치를 보존하는 데 중점을 둔다. 최근에는 에너지 효율, 공간 활용도 등이 FM의 중요한 고려 요소로 부상하고 있다.

AI는 이 두 가지 관리 영역 모두에 깊이 관여하며, 특히 다음과 같은 방식으로 역할을 수행한다.

첫째, 반복적이고 정형화된 업무는 AI로 자동화할 수 있으며, 이는 시간과 인건비를 동시에 절감하는 효과를 제공한다. 예를 들어, 임차인의 문의 응답, 청구서 발송, 일정 관리 등의 업무는 AI 챗봇이나 자동화 시스템으로 처리할 수 있다.

둘째, AI는 예측 분석 기능을 바탕으로 미래의 위험과 기회를 사전에 포착할 수 있도록 돕는다. 유지보수가 필요한 시점을 예측하거나, 특정 임차인의 계약 갱신 가능성을 추정하며, 지역 시장의 가격 동향을 실시간으로 파악하는 기능 등이 이에 해당된다.

셋째, AI는 개인화된 서비스를 가능하게 한다. 임차인의 생활 패턴이나 선호도, 민원 이력 등을 분석해 맞춤형 커뮤니케이션을 제공하고, 개별 거주자에게 최적화된 설비 제어를 제안해 사용자 경험을 개선한다.

넷째, 운영 효율성 향상은 AI 기술의 가시적 성과 중 하나다. 센서 데이터를 기반으로 냉난방, 조명, 환기 시스템을 자동으로 조정해 에너지 낭비를 줄이고, 설비 고장을 예방해 운영 비용을 절감할 수 있다. 이러한 측면에서 AI는 단순한 기술이 아니라, 부동산 관리의 구조적 전환을 이끄는 핵심 동력으로 작용하고 있다.

주거용 부동산에서의 AI 활용

주거용 부동산은 인간의 일상과 가장 밀접한 공간이며, 따라서 부동산 관리에서도 사용자 경험과 삶의 질이 중요 요소로 작용한다. AI 기술은 이러한 주거 환경에서

PM과 FM 양 측면에 동시에 영향을 미치며, 특히 거주자의 생활을 직접적으로 개선하는 방식으로 작동한다.

PM 영역에서는 AI 기술이 임차인 중심의 커뮤니케이션 구조를 혁신하고 있다. 예컨대 AI 기반 챗봇은 24시간 실시간으로 임차인의 문의에 대응해, 반복적인 질문을 자동 분류하고 적절한 응답을 제공해 관리자의 부담을 줄인다. 또한 머신러닝 기반 알고리즘은 주변 부동산 시세, 건물 상태, 임차인 신용 정보를 분석해 적정 임대료를 자동으로 산출하며, 이를 바탕으로 공실률을 줄이고 수익성을 개선하는 데 기여한다. AI는 임차인의 행동 데이터를 분석해 계약 연장 가능성, 지연 납부 위험 등을 예측해 리스크 관리 기능도 수행한다.

스마트홈 기술과 예측 유지보수는 AI가 FM에 접목될 수 있는 중요 분야다. 스마트홈 시스템은 IoT(Internet of Things, 사물인터넷)와 AI가 결합된 형태로, 거주자의 생활 패턴에 따라 조명, 난방, 환기, 보안 장치를 자동으로 제어하며, 이는 에너지 소비를 효율적으로 조절할 수 있는 수단이 된다. 예를 들어, 사용자가 외출하면 자동으로 전원을 차단하고 난방을 끄는 시스템이 작동하며, 이는 에너지 비용 절감에 직접적인 효과를 미친다.

예측 유지보수는 설비 고장을 미리 탐지하고, 필요한

유지보수를 선제적으로 진행할 수 있는 기능이다. 엘리베이터, HVAC(에너지 절감형 냉난방공조) 시스템, 수도 배관 등 주요 설비에 센서를 부착해 데이터를 실시간으로 수집하고, AI가 이를 분석해 이상 징후를 감지하는 방식으로 작동한다. 이로써 긴급 수리로 인한 비용을 절감하고, 거주자의 불편을 최소화할 수 있다. 또한 AI는 건물의 에너지 사용 패턴을 분석해 지속 가능한 운영 전략을 제안하며, 장기적으로 건물의 가치 유지와 환경 친화성 확보에 기여한다.

상업용 부동산에서의 AI 활용

상업용 부동산은 다양한 기업체, 점포, 오피스 사용자들이 상주하는 공간으로, 효율적 운영과 고객 만족, 수익성 제고가 중요한 목표가 된다. AI는 이와 같은 상업적 요구를 충족하기 위해, 보다 복합적이고 정밀한 방식으로 PM과 FM 업무에 통합되고 있다.

PM 측면에서 AI는 임대 계약 관리의 효율성을 대폭 향상하고 있다. 특히 계약서 분석 업무에 자연어처리(NLP) 기술이 적용되면서, 계약 문서의 주요 조항을 자동으로 추출하고, 조건의 적정성을 판단하는 기능이 보편화되고 있다. 이러한 기능은 계약 체결 및 갱신 과정을 단축하고 오류 가능성을 줄이며, 법적 리스크를 최소화한다.

AI 기반 챗봇은 상업용 빌딩에서도 적극 활용되며, 임차인의 문의 사항, 시설 사용 요청, 결제 관련 질의 등에 신속하게 응대해 고객 만족도를 높이고, 장기 임대 유치에 긍정적인 영향을 미친다. 또한 운영 데이터를 수집하고 분석해 임차인 선호도나 사용 패턴을 파악해, 점포 구성을 조정하거나 맞춤형 서비스를 제공하는 전략적 의사 결정에도 기여하고 있다.

FM 영역에서는 에너지 최적화가 핵심적이다. AI는 건물 내 센서가 수집한 점유율, 기온, 일조량 등의 데이터를 분석해, 실시간으로 조명 및 냉난방 시스템을 조정한다. 이는 전력 소비를 최소화하고, 과도한 에너지 사용을 방지하는 효과를 낳는다. 특히 다층 구조의 오피스 빌딩에서는 층별로 에너지 수요가 다르기 때문에, AI의 층별 제어 기능은 매우 유용하다.

또한 AI는 설비의 작동 패턴과 진동, 온도 등의 데이터를 종합적으로 분석해 고장 가능성을 예측하며, 유지보수 일정을 자동으로 계획한다. 이로 인해 설비의 가동률은 높아지고 운영 중단 가능성은 줄어든다. AI는 공간 활용도 분석 기능으로 회의실, 사무 공간, 공용 시설의 이용률을 모니터링하고, 이에 맞춘 레이아웃 조정이나 공간 리모델링 제안으로 수익의 극대화를 지원한다.

AI 기반 부동산 관리 사례

GS건설은 고급 아파트 브랜드인 '자이(Xi)'에 AI 기반 통합 플랫폼을 적용함으로써, 단순한 스마트홈 기능을 넘어 단지 전체의 운영 효율성과 거주자의 삶의 질을 동시에 향상하고자 했다. 이 플랫폼은 AI 음성 인식 기능을 중심으로 조명, 냉난방, 보안, 가전제품을 통합 제어하는 인터페이스를 제공하며, 동시에 입주민의 행동 데이터를 수집 · 분석해 맞춤형 제어 패턴을 학습하는 방식으로 진화하고 있다.

예를 들어 입주민이 외출을 명령하면, 조명은 자동으로 꺼지고 가스 밸브와 대기전력 차단기가 동시에 작동하며, 엘리베이터가 호출되는 일련의 프로세스가 AI 기반으로 작동한다. 이러한 기능은 기존의 홈네트워크 시스템보다 훨씬 높은 통합성과 지능을 보이며, 거주자의 편의뿐 아니라 에너지 절감과 보안 강화라는 관리적 이점을 제공한다.

자이 AI 플랫폼은 단지 내 각 세대와 커뮤니티 시설, 지하 주차장, 출입구 보안 설비 등을 단일 운영체계로 통합 관리한다. 센서로 수집된 데이터를 클라우드 기반으로 분석해, 관리자에게는 실시간 유지보수 알림을 제공하고, 입주민에게는 건물 상태 및 개인화된 생활 데이터를 제공하는 등, PM과 FM이 하나의 시스템 안에서 상호작용하는 구조를 구현하고 있다. 특히 태전 파크자이 아파트 단지에서는 해당 시스템을 초기부터 전면 적용해 입주자의 높은 만족도와 효율적 시설 유지 성과를 실증한 바 있다.

한편 상업용 부동산의 경우, KT가 제공하는 스마트빌딩 설루션이 대표 사례로 주목된다. KT는 자사의 통신 인프라를 기반으로, 전국의 대형 건물 및 오피스 빌딩에 스마트 센서를 설치하고, 이를 통해 수집되는 데이터를 바탕으로 AI가 건물의 설비 상태, 에너지 소비, 환경 조건 등을 통합적으로 분석하는 서비스를 제공하고 있다. 예를 들어, 'KT 광화문빌딩EAST'는 약 2700개의 센서가 실시간으로 보일러, 냉난방, 공조 시스템의 작동 상태를 모니터링하고 있으며, AI는 이를 학습해 예측 유지보수를 자동으로 계획하는 방식으로 운영된다.

이 시스템은 빌딩 에너지 관리 시스템(BEMS, Building Energy Management System)과 연계되어, 건물의 사용량 기반 에너지 최적화 제어가 가능하며, 냉방

부하가 높아지는 여름철에는 기온 및 점유율 예측에 따라 공조기의 출력 조절이 자동화된다. 또한 이상 진동이나 전력 소모 패턴의 변화를 기반으로 장비 고장을 사전에 탐지하고, 관리자에게 알림을 전송하는 방식으로 시설 고장률을 낮추고 유지 비용을 절감하고 있다.

KT의 스마트빌딩 플랫폼은 단순한 에너지 관리뿐 아니라, FM 영역의 전반적인 운영 효율성을 향상하며 상업용 부동산의 경쟁력을 제고하는 데 크게 기여하고 있다. 특히 해당 시스템은 AI 기반의 건물 운영 대시보드로 관리자들이 시각적으로 실시간 데이터를 파악하고, 긴급 조치가 필요한 설비의 우선순위를 자동으로 정렬해 줌으로써 대응력을 높이고 있다.

AI 기반 부동산 관리의 글로벌 동향

앱폴리오(AppFolio)는 미국의 주거용 부동산 관리를 위한 사스(SaaS) 기반 소프트웨어 기업으로, 중소형 다세대 주택 및 단독 주택을 관리하는 기업을 주요 고객으로 두고 있다. 앱폴리오의 두드러진 특징은 AI 기능이 시스템 전반에 자연스럽게 통합되어 있다는 점이다. 예컨대 임대 계약 갱신 시점이 도래하면 AI는 과거 계약 정보, 임차인 행동 데이터, 인근 시장의 임대료 트렌드를 분석해 최적의 계약 조건을 제안한다. 또한 임차인 문의에 대응하는 챗봇 기능은 자연어처리로 질문 의도를 파악하고, 관리자가 개입하지 않아도 대부분의 민원을 해결할 수 있도록 설계되어 있다.

특히 렐름엑스(Realm-X)라는 기능은 단일 대시보드로 관리자가 모든 작업 요청, 유지보수 상태, 임대료 수금 상황을 실시간으로 확인할 수 있게 하며, AI는 긴급도와 중요도를 바탕으로 작업 우선순위를 추천한다. 앱폴리오의 사용자는 이 시스템으로 반복적인 행정 업무에서 평균 36%의 시간을 절감하였고, 이를 보다 전략적인 업무에 재투자할 수 있게 되었다는 보고가 있다.

상업용 부동산 영역에서는 빌딩엔진스(Building Engines)가 독보적인 위치를 점하고 있다. 이 플랫폼은 대형 오피스 빌딩, 복합 상업시설 등을 대상으로 하며, PM과 FM 기능을 모두 포함한 통합 관리 시스템을 제공한다. 빌딩엔진스는 IoT 센서와 AI 분석 시스템을 연계해 건물의 운영 효율성을 극대화하는 전략을 취한다.

예를 들어, 이 시스템은 건물 내 전력 소비 데이터를 AI가 실시간으로 분석하고, 점유율이나 날씨 데이터를 기반으로 조명 및 냉난방 시스템을 조절한다. 실제로 이 플랫폼을 활용한 사례에서 평균 25%의 에너지 소비 절감이 확인되었고, 동시에 설비 고장률은 약 40% 감소한 것으로 나타났다. 또한 임차인의 만족도 향상도 주요 성과 중 하나인데, 빌딩엔진스는 임차인 서비스 요청 처리 속도 향상으로 계약 갱신율을 증가시켰고, 전반적인 서비스 만족도를 약 30% 높이는 데 성공했다.

AI와 부동산 관리의 변화

AI는 더 이상 부동산 관리에서 선택적 기술이 아닌 핵심 인프라로 자리매김하고 있다. 운영 효율성 측면에서 AI는 반복적 업무의 자동화, 유지보수의 사전 대응, 에너지 소비의 최적화로 관리 비용을 절감하고, 관리자의 부담을 줄여 준다. 특히 주거용 부동산에서는 임차인 문의 대응과 공지 전달, 상업용 부동산에서는 계약 조건 분석과 설비 모니터링 등에서 큰 효과를 발휘한다. 사용자 경험의 향상 역시 AI 도입의 주요 성과다. 임차인은 빠르고 정확한 응답을 받을 수 있으며, 맞춤형 정보 제공으로 거주 및 업무 환경의 품질이 향상된다. 이는 결국 임대 연장률 상승과 브랜드 충성도 강화로 이어질 수 있다.

참고문헌

매일경제(2020.10.29). GS건설, 아파트에 AI플랫폼…건설현장엔

'보행로봇'.
https://www.ajunews.com/view/20201029132758256

지디넷코리아(2020.7.28). KT "AI 기반 서비스로 빌딩 관리하세요".
https://zdnet.co.kr/view/?no=20200728113957

Building Engines(n.d.). 5 Ways AI Will Transform Commercial Property Management.
https://www.buildingengines.com/blog/ai-in-commercial-property-management/

DigitalDefynd(2025). Use of AI in Real Estate [15 Case Studies].
https://digitaldefynd.com/IQ/ai-in-real-estate-case-studies/

Redress Compliance(2025.2.28). AI Case Study: AI-Enhanced Property Management at Building Engines.
https://redresscompliance.com/ai-case-study-ai-enhanced-property-management-at-building-engines/

Zealousys(2025.4.9). Top 15 Use Cases and Real World Examples of AI in Real Estate.
https://www.zealousys.com/blog/use-cases-real-world-examples-of-ai-in-real-estate/

10

AI와 부동산 중개

디지털 기술의 발전은 전통적으로 아날로그 특성이 강했던 부동산 중개 산업에 근본적인 변화를 가져오고 있다. AI를 비롯한 빅데이터, 증강현실, 드론 등 첨단 기술은 부동산 정보 수집 과정을 재편하고 중개인의 역할과 고객의 의사 결정 구조에 큰 영향을 미치고 있다.

종교와 AI?

디지털 전환 시대, 부동산 중개 시장의 변화

전통적으로 부동산 중개 산업은 고도로 사람 중심적이고, 비정형적인 특성을 지닌 노동집약적 서비스업으로 간주되어 왔다. 중개인은 주로 고객과의 대면 상담으로 매물 정보를 제공하고, 매수자와 매도자 사이의 조건 협상을 조율하며, 현장 방문을 통한 공간 경험을 중개하는 역할을 해 왔다. 그러나 21세기에 접어들며 부동산 중개 산업 역시 정보통신기술(ICT)의 발전과 디지털 전환이라는 거대한 흐름에서 예외일 수 없게 되었다.

특히 2010년대 중반 이후부터는 AI, 빅데이터, 가상현실/증강현실(VR/AR), 드론 등의 첨단 기술이 부동산 산업 전반에 본격적으로 도입되기 시작했다. 이로 인해 정보의 처리 방식, 고객과의 소통 방식, 거래의 구조 자체가 급격하게 변하고 있다. 이러한 기술 기반 혁신을 통칭해 '프롭테크(PropTech)'라고 부르며, 이는 기존의 비효율적이고 불투명하던 부동산 거래 시스템을 보다 효율적이고 데이터 기반으로 전환하는 촉매제로 작용하고 있다.

한국 역시 이러한 변화의 한가운데 위치해 있다. 이미 직방, 다방, 호갱노노, 네모 등의 프롭테크 기업들이 부동산 정보 플랫폼 시장을 장악하고 있으며, 빅데이터와

AI 기술을 기반으로 시장 분석과 자동가치평가(AVM) 서비스를 제공하고 있다. 정부 또한 공공 데이터 개방, 부동산 관련 스타트업 지원 등으로 디지털 전환에 힘을 싣고 있다.

부동산 중개 산업은 과거 중개인이 정보를 독점하고 이를 고객에게 제공하는 구조에서, 정보의 대중화와 디지털 기술의 확산으로 급격한 변화를 맞이하고 있다. 고객은 더 이상 단순한 매물 정보 획득을 위해 중개인을 찾지 않으며, 이에 따라 중개인의 역할은 정보 해석과 분석을 기반으로 한 고도화된 전문 서비스 제공자로 전환되고 있다. 이러한 구조적 변화의 중심에는 AI 기술이 있다.

AI는 부동산 시세 예측, 공실률 추정, 수익률 분석 등 다양한 영역에서 기계 학습 알고리즘과 다변량 분석으로 정교한 분석 모델을 구현하고 있다. 기존의 자동가치평가 기술은 정적 정보 기반의 단순 예측에 머물렀지만, 최근에는 시간의 흐름에 따른 시계열 예측, 정책 변화나 개발 계획과 같은 외부 요인의 반영, 공간적 상관관계를 학습하는 알고리즘까지 확장되고 있다. 특히 AI는 거래 흐름의 패턴 인식, 공급과 수요의 불균형 조기 탐지 등 미래 시장 예측 기능을 강화하고 있으며, 이는 중개 전략

수립에 실질적인 도움이 된다.

AI는 고객 응대 부문에서도 자동화 기술로 활용되고 있다. 챗봇과 가상 비서는 반복적인 정보 요청 처리, 일정 예약, 기본 상담 등 전통적으로 중개인이 수작업으로 수행하던 업무를 실시간으로 대체하거나 보조하며, 고객 응답 속도와 만족도를 높이고 있다. 이는 중개인의 업무를 간소화하고 더 많은 시간과 역량을 고부가가치 업무에 집중할 수 있게 한다.

AI 기술이 효과적으로 작동하기 위해서는 양질의 데이터가 기반이 되어야 한다. 단순한 면적이나 가격뿐 아니라, 수요자의 행동 패턴, 입지 특성, 주변 인프라, 정책 변화 등 다양한 형태의 구조화 및 비정형 데이터가 통합적으로 수집되고 분석되어야 한다. 이 과정에서 빅데이터 기술은 핵심 역할을 수행한다. 수만 건의 거래 정보뿐만 아니라 클릭률, 선호도, 지도 기반 위치 정보, 검색 히스토리 등을 실시간으로 분석해, 데이터 기반 의사 결정을 가능하게 한다. 빅데이터는 과거의 주관적 판단에 기반을 둔 중개 방식에서 벗어나, 객관성과 예측력을 갖춘 컨설팅 중심의 중개 구조로의 전환을 가속화하고 있다.

더불어 공간 체험 기술의 진보는 중개 방식에 또 다른 전환점을 제시하고 있다. 증강현실과 가상현실은 단순한 이미지나 설명을 넘어, 사용자로 하여금 공간을 몰입형으로 체험하게 한다. AR은 실제 공간 위에 디지털 정보를 덧입혀 리모델링 결과나 가구 배치 등을 시각화하며, VR은 완전한 가상 공간에서 시점 이동과 구조 탐색을 가능하게 해 물리적 방문 없이도 공간의 성격을 충분히 이해할 수 있게 한다. 이러한 기술은 분양, 매매, 임대 등의 모든 단계에서 고객의 이해도를 높이고, 중개인의 설명 부담을 줄인다.

드론 기술 또한 부동산 중개와 관리의 효율성을 높이는 데 기여하고 있다. 항공 촬영으로 고해상도 영상과 공간 정보를 확보해 기존의 정면 사진이나 도면에서 파악하기 어려운 입지 정보, 조망권, 일조량, 인접 도로 상황 등 다양한 판단 요소를 입체적으로 제공할 수 있다. 또한 드론은 고층 건물의 외벽 점검, 대형 부지의 상태 확인 등 유지보수와 리스크 진단에도 유용하게 활용되며, 이는 사전 관리 비용 절감과 시설 안정성 확보에 기여한다.

AI, 빅데이터, AR/VR, 드론 기술은 부동산 중개 산업의 자동화와 고도화를 동반하며, 중개인의 역할을 단순 정보 전달자에서 종합적 의사 결정 지원자로 재정의하고 있다. 궁극적으로 이러한 기술의 융합은 부동산 중개 산업을 보다 정밀하고, 예측 가능하며, 고객 중심적인 구조로 전환하는 기반이 되고 있다.

중개인의 전문성 재정의와 노동 시장의 전환

AI 기술이 부동산 중개 영역에 깊숙이 침투함에 따라, 기존 중개인의 역할은 단순한 매물 중개자에서 전략적 데이터 분석가 및 공간 컨설턴트로 재정의되고 있다. 과거의 중개인은 고객에게 현장 정보를 안내하고, 임대·매매 조건을 협상하는 역할에 국한되었으나, 프롭테크의 확산은 중개인에게 다음과 같은 전문 역량을 요구한다.

첫째, 데이터 해석 능력이다. AI와 빅데이터 기반 분석 플랫폼이 대중화되면서, 고객은 단순한 '조건에 맞는 매물'이 아니라, '향후 가치가 상승할 가능성이 있는 매물'을 요구하게 되었다. 이에 따라 중개인은 지역별 가치 상승 요인, 개발 계획, 수요 집중 패턴 등을 데이터로 설명할 수 있어야 한다. 이는 단순 부동산 자격증 보유자보다 고차원의 분석력이 있는 전문가가 유리한 구조로 작동한다.

둘째, 기술 플랫폼 활용 능력이다. AI 기반 추천 시스템, 가상 투어 편집기, AR 기반 고객 대응 도구 등의 프롭테크 툴킷을 다루는 능력은 중개인의 기본 역량으로 자리 잡고 있다. 실제로 직방, 다방, 호갱노노 등 플랫폼 기반으로 활동하는 중개인은 단순 개인사무소 기반 중개인보다 빠른 거래 성사율과 더 넓은 고객 풀을 확보하고 있다.

이와 같은 변화는 부동산 중개 산업의 고용 구조에도 직접 영향을 미치고 있다. 단순 중개 자격 취득만으로는 경쟁력이 약화되고 있으며, 데이터 분석, UX(사용자 경험) 디자인, 디지털 마케팅, 금융 설계 등의 다기능 융합형 인재가 선호된다. 이에 따라 일부 프롭테크 기업은 전통적인 부동산 전공자보다 컴퓨터공학, 통계학, 도시계획 등 이종 전공자를 우선 채용하고 있다.

AI와 부동산 중개의 변화

AI, 빅데이터, AR/VR, 드론 기술은 단순한 도구를 넘어, 부동산 중개 산업의 생산성, 접근성, 투명성, 고객 경험을 획기적으로 향상하는 핵심 인프라로 정착하고 있다. 특히 한국은 세계적으로 높은 디지털 수용성과 도시 밀집도를 기반으로 프롭테크 기술을 선도적으로 수용할 수 있는 환경을 갖추고 있으며, 이는 향후 중개업의 산업적 구조 변화와도 밀접하게 연관된다.

향후 부동산 중개는 인간 중개인과 기술 기반 시스템이 결합된 하이브리드 구조로 진화할 가능성이 높으며,

기술을 이해하고 이를 고객과의 커뮤니케이션 수단으로 전환할 수 있는 전문가가 시장에서 각광받을 것이다.

참고문헌

전자신문(2021.12.10). 다방, 이달 '다방싸인' 출시…10초 인증·VR 매물 정보 제공. https://www.etnews.com/20211210000166

Built In(2024.12.10). AI in Real Estate: 19 Companies Defining the Industry.
https://builtin.com/artificial-intelligence/ai-real-estate

Drone Laws(2025.2.25). Drone Laws in South Korea.
https://drone-laws.com/drone-laws-in-south-korea/

Gig Heaven.(n.d.). Hire Drone Photographers available in Seoul, South Korea.
https://www.gigheaven.com/search/drone-photographers/south-korea/seoul.html

The Korea Times(2019.10.23). CRE Korea uses AI, big data to offer accurate realty appraisal.
https://www.koreatimes.co.kr/www/tech/2025/03/129_277535.html

National Association of REALTORS®.(n.d.). Drones.
https://www.nar.realtor/drones

PR Newswire(2024.3.25). RSQUARE Analytics: The Digital Lighthouse for Korean Real Estate Market.
https://www.prnewswire.com/news-releases/rsquare-analytics-the-digital-lighthouse-for-korean-real-estate-market-that-global-investors-are-watching-302406842.html

Richgo(n.d.). Korea Real Estate Big Data Analysis No.1.

https://www.youtube.com/channel/UC3nsb3SxlRrJQ9egkKNnlfg

Zigbang(n.d.). Real Estate Service. https://company.zigbang.com/en/what-we-do/real-estate-service

박순만

명지대학교 부동산학과 부교수다. 고려대학교 건축공학과와 동 대학원에서 건축공학 학사와 석사, 미국 컬럼비아대학교에서 도시계획학 석사, 서울대학교 환경대학원에서 도시계획학 박사학위를 취득했다. 도시계획과 부동산 분야에서 스마트도시, 프롭테크, 빅데이터 관련 연구를 수행하고 있으며 한국주택학회 부설 프롭테크빅데이터연구소장을 역임했다. 주요 저서 및 역서로는 《주택정책론》(공저, 2023), 《포스트모던을 이끈 10개의 규범적 건축》(공역, 2014) 등이 있다.